石油钻探企业
设备检维修作业安全实用手册

中国石油天然气集团公司安全环保与节能部 编

石油工业出版社

内 容 提 要

本书一共分为五章，分别讲述了钻井设备检维修作业的基础知识，检维修作业的风险和管控措施，检维修作业的能量隔离与上锁挂签，钻井设备常见检维修作业管理，检维修作业常见违章、隐患和事故案例。

本书可供石油钻探企业管理人员、设备检维护人员和作业人员参考使用。

图书在版编目（CIP）数据

石油钻探企业设备检维修作业安全实用手册／中国石油天然气集团公司安全环保与节能部编．—北京：石油工业出版社，2017.10
ISBN 978-7-5183-2175-9

Ⅰ．①石… Ⅱ．①中… Ⅲ．①石油企业－设备检修－安全技术－中国－手册 Ⅳ．①F426.22-62

中国版本图书馆CIP数据核字（2017）第243748号

出版发行：石油工业出版社有限公司
　　　　　（北京朝阳区安定门外安华里2区1号　100011）
　　　　网　　址：www.petropub.com
　　　　编辑部：（010）64523553
　　　　图书营销中心：（010）64523633
经　　销：全国新华书店
印　　刷：北京中石油彩色印刷有限责任公司

2017年10月第1版　2017年10月第1次印刷
787毫米×1092毫米　开本：1/16　印张：11.5
字数：220千字

定价：80.00元
（如出现印装质量问题，我社图书营销中心负责调换）
版权所有，翻印必究

《石油钻探企业设备检维修作业安全实用手册》

编 委 会

主　编：徐非凡，川庆钻探工程有限公司长庆钻井总公司

副主编：秦建中，川庆钻探工程有限公司长庆钻井总公司
　　　　李建林，川庆钻探工程有限公司安全环保节能处
　　　　李晓明，川庆钻探工程有限公司长庆钻井总公司
　　　　李雪岗，川庆钻探工程有限公司长庆钻井总公司
　　　　李守泉，川庆钻探工程有限公司长庆钻井总公司

成　员：王瑞成，川庆钻探工程有限公司长庆钻井总公司装备部
　　　　王　勇，川庆钻探工程有限公司长庆钻井总公司质量安全环保部
　　　　陈小永，川庆钻探工程有限公司长庆钻井总公司第二工程项目部
　　　　韩红卫，川庆钻探工程有限公司长庆钻井总公司质量安全环保部
　　　　海鹏飞，川庆钻探工程有限公司长庆钻井总公司质量安全环保部
　　　　徐智锋，川庆钻探工程有限公司长庆钻井总公司质量安全环保部
　　　　刘思远，川庆钻探工程有限公司长庆钻井总公司质量安全环保部
　　　　靳　宇，川庆钻探工程有限公司长庆钻井总公司质量安全环保部

前 言

随着石油工业的飞速发展，石油装备技术水平提升也突飞猛进，机械化、信息化、智能化已成为石油设备发展前进的方向和风向标。为保证设备运行处于良好的技术状态，往往需要对其进行检查、维护，甚至修理。设备检维修作业专业技术性较强，现场工况环境复杂多变，过程管控环环相扣，任何一个环节出现问题，都有可能造成设备或人身伤害事故。据不完全统计，近十年，我国石油行业在设备检维修作业中发生的事故事件占事故事件总量的26%以上。

石油钻探行业作业具有环境恶劣、设备种类繁多、类型复杂、流动性大以及拆卸搬迁安装频繁的作业特点，导致设备故障发生的频次及现场设备检维修作业次数增加。目前，在石油钻探行业还没有一个关于设备检维修作业系统性、统一性的安全管理规范。如果检维修作业中能量隔离措施不落实、安全监护缺位、误操作及信号误传递都有可能引发重大事故的发生，造成惨重后果。经过对某公司近十年来发生的37起设备检维修事故进行原因分析发现，人员违章操作占69%，隐患占23%，其他原因占8%。因此，明确检维修作业流程、制定风险分级管控制度、规范作业过程安全管控尤为必要。

本书一共分为五章，分别讲述了钻井设备检维修作业基础知识、钻井设备检维修作业风险和管控措施、钻井设备检维修作业能量隔离与上锁挂签、钻井设备常见检维修作业管理，列举了钻井设备检维修作业常见违章、隐患和事故案例及其防控措施，供石油钻探企业管理人员、设备检维护人员和作业人员参考。

本书在编写过程中，得到了中国石油川庆钻探工程有限公司领导和专家的指导，同时得到了中国石油天然气集团公司安全环保节能部邱少林、胡月亭，中国石油天然气集团公司安全环保研究院张敏，中国石油长城钻探工程有限公司乔永富、王广宇，中国石油渤海钻探工程有限公司高长福等领导和专家的指导与支持，在此一并表示感谢。

由于编者水平有限，书中疏漏和错误在所难免，敬请读者批评指正。

编者
2017年5月

目　录

第一章
钻井设备检维修作业基础知识 …… 1

第一节　设备检维修作业基本概念 …… 3
第二节　钻井设备检维修作业分类分级 …… 4
第三节　钻井设备检维修作业基本流程 …… 12
第四节　钻井设备检维修作业安全管理 …… 14

第二章
钻井设备检维修作业风险和管控措施 …… 19

第一节　钻井设备检维修作业主要风险 …… 21
第二节　钻井设备检维修作业操作规程 …… 24
第三节　钻井设备检维修作业 HSE 风险控制工具 …… 32

第三章
钻井设备检维修作业能量隔离与上锁挂签 …… 55

第一节　钻井设备检维修作业常见能量隔离方案 …… 57
第二节　钻井设备检维修作业上锁挂签 …… 59
第三节　钻井设备检维修作业常见锁具介绍 …… 64

第四章
钻井设备常见检维修作业管理 …… 79

第一节　钻井动力设备检维修作业管理 …… 81
第二节　钻井传动系统设备检维修作业管理 …… 87

第三节　钻井循环系统设备检维修作业管理 …………………………………… 92
第四节　钻井提升系统设备检维修作业管理 …………………………………… 98
第五节　钻井电气控制系统设备检维修作业管理 ……………………………… 104
第六节　井控设备设施检维修作业管理 ………………………………………… 109
第七节　固控设备检维修作业管理 ……………………………………………… 114
第八节　钻井旋转系统设备检维修作业管理 …………………………………… 120

第五章
钻井设备检维修作业常见违章、隐患和事故案例 ……………………… 125

第一节　钻井设备检维修作业常见违章 ………………………………………… 127
第二节　钻井设备检维修作业常见隐患 ………………………………………… 140
第三节　钻井设备检维修作业事故案例 ………………………………………… 143

附　录 …………………………………………………………………………… 161

附录一　设备检维修作业安全管理相关法律、法规和标准清单 ……………… 163
附录二　钻井设备检维修上锁挂签清单 ………………………………………… 164

第一章

钻井设备检维修作业基础知识

石油天然气钻井现场设备设施种类繁杂、数量较多，设备检维修频次高、风险大。规范设备检维修作业常用的基本概念，可更深入地了解检维修的特点、规律，便于规范管理；对钻探企业设备检维修作业分类分级，可明确检维修作业风险管控的层级；理清钻探企业设备检维修作业基本流程，明确审批程序、权限，可有效防控检维修作业过程风险。

第一节 设备检维修作业基本概念

石油钻井现场使用多种设备、设施，要经常性地进行检维修作业，明确检维修、设备故障、隔离、隔离装置等基本概念，有助于检维修作业的规范管理。

一、检维修（maintenance and repair work）

检维修是指企业由于安全生产需要以及装置运行一定周期后，需要停工对某个或多个装置进行检查，并修理、更换相关的设备、设施的过程。

二、设备故障（equipment failure）

设备故障是指设备失去或降低其规定功能的事件或现象，表现为设备的某些零件失去原有的精度或性能，使设备不能正常运行、技术性能降低，致使设备中断生产或效率降低而影响生产。

三、危险能量（hazardous energy）

不加控制，可能造成人员伤害或财产损失的电、机械、化学、热或任何其他形式的能量。

四、隔离（isolation）

将阀件、电器开关、蓄能配件等设定在合适的位置或借助特定的设施使设备不能运转或危险能量和物料不能释放。

五、个人锁（personal lock）

为避免误操作隔离能源或（和）物料，由作业者本人专用，用于锁住单个隔离点或锁箱的标有本人姓名的安全锁。每个锁通常每人只有一把。

六、集体锁（public lock）

用于锁住隔离点并配有锁箱的安全锁，集体锁可以是一把钥匙配一把锁，也可以是一把钥匙配多把锁。

七、隔离装置（isolation device）

防止危险能量和物料传递或释放的机械装置，如电路隔离开关、断开电源或保险开关、管道阀门、盲板、机械阻塞或用于阻塞、隔离能源的类似装置。

八、安全操作规程（safety operation regulation）

工人操作机器设备和调整仪器仪表时必须遵守的规章和程序，包括操作步骤和程序，安全技术知识和注意事项，正确使用个人安全防护用品，生产设备和安全设施的维修保养，预防事故的紧急措施，安全检查的制度和要求等。

第二节 钻井设备检维修作业分类分级

按照性质、对象进行检维修作业分类，实行分类管理，由专门人员进行检维修；按照钻井设备检维修风险分级，实行分级管控机制，有效控制作业风险，防范检维修作业事故。

一、检维修分类

（一）按性质分类

1. 定期检修（TBM）

定期检修是一种以时间为基础的预防性检修，根据设备磨损和老化的统计规律，事先确定检修等级、检修间隔、检修项目、需用的备件及材料等的检修方式。

2. 改进性检修（PAM）

改进性检修是指对设备先天性缺陷或频发故障，按照当前设备技术水平和发展趋势进行改造，从根本上消除设备缺陷，以提高设备的技术性能和可用率，并结合检修过程实施的检修方式。

3. 状态检修（CBM）

状态检修是指根据状态监测和诊断技术提供的设备状态信息，评估设备的状况，在故障发生前进行检修的方式。

4. 故障检修（RTF）

故障检修是指设备在发生故障或其他失效时进行的非计划检修。

（二）按对象分类

1. 钻井旋转系统设备检维修

检维修对象为转盘、水龙头等。

2. 钻井循环系统设备检维修

检维修对象为泥浆罐、钻井泵，地面管汇、钻井液净化设备。地面管汇包括高压管汇、立管、水龙带，钻井液净化设备包括振动筛、离心机、旋流器，如图1-1、图1-2所示。

图1-1 钻井泵检维修作业（一）

图1-2 钻井泵检维修作业（二）

3. 钻井提升系统设备检维修

检维修对象为钻井绞车、辅助刹车、天车、游车、大钩以及吊环、吊卡、吊钳、卡瓦等各种工具，如图 1-3，图 1-4 所示。

图 1-3　钻井绞车检维修作业（一）

图 1-4　钻井绞车检维修作业（二）

4. 钻井动力驱动设备检维修

检维修对象为柴油机、柴油发电机、电动机，如图 1-5 所示。

5. 钻井传动系统设备检维修

检维修对象为机械传动、液压传动、电动传动设备，如并车传动厢、减速箱、传动轴等，如图 1-6 所示。

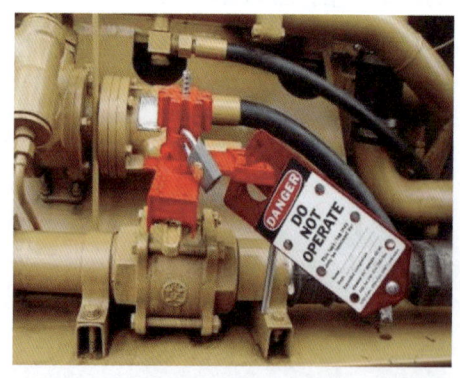

图 1-5　柴油机检维修作业

图 1-6　并车传动厢检维修作业

6. 钻井电气控制系统设备检维修

检维修对象为司钻控制台、各种控制阀件、离合器、继电器和线路等，如图 1-7、图 1-8 所示。

图 1-7 电路检维修作业（一）　　　　图 1-8 电路检维修作业（二）

7. 钻井井架及钻机底座设备检维修

检维修对象为转盘梁、绞车梁、连接拉筋、销孔及销轴等。

8. 钻井辅助设备检维修

检维修对象为井口操作小型化设备和石油钻井广泛使用的通用设备，如离心机、动力小绞车、动力大钳、动力卡瓦等。

二、检维修作业分级

根据风险评价 LEC 法，计算发生事故的频次、可能造成的伤害和人员暴露的频率值，分别评价检维修作业风险等级，将设备检维修作业分为：一级检维修作业（$D \geqslant 320$）、二级检维修作业（$70 \leqslant D<320$）、三级检维修作业（$20 \leqslant D<70$）。具体分类见表 1-1。

（一）一级检维修作业

指检修难度大、作业风险高、需要专业人员到基层队维修、易发生事故的作业。一级检维修作业涉及 7 种设备 9 项，如图 1-9、图 1-10 所示。

（二）二级检维修作业

指检维修需要专业工具、专业人员到基层队配合维修、作业风险较高的作业。二级检维修作业涉及 13 种设备 21 项，如图 1-11、图 1-12 所示。

（三）三级检维修作业

指基层队日常检维修作业、需要基层队管理人员参与维修的作业。三级检维修作业涉及 25 种设备 70 项，如图 1-13、图 1-14 所示。

表 1-1 钻井队设备检维修风险分级管控清单

序号	设备名称	检维修项目	风险级别	责任单位
1	井架	高空焊修和检测	一级	公司装备管理部
2	顶驱	电机更换		
3		导轨焊接校正		
4		主电缆更换		
5	天车	高空更换滑轮		
6	高压管汇	焊修		
7	寿力压缩机	更换机头		
8	储气瓶	焊修和检测		
9	柴油罐	焊修		
10	顶驱	控制系统维修	二级	项目部设备管理部门
11	井架底座	焊修和检测		
12	绞车	更换传动轴		
13		更换刹车盘		
14		更换刹车鼓		
15	并车传动箱	更换传动轴		
16	钻井泵	动力端维修		
17		更换皮带轮		
18		更换空气包总成		
19		更换阀箱总成		
20	电控系统	维修		
21	阀岛系统	维修		
22	电代油设备	安装调试		
23	主动力系统电缆	更换		
24	柴油机	更换缸套		
25		更换活塞		
26	发电机	更换缸套		
27		更换活塞		
28		维修		
29	寿力压缩机	控制部分维修		
30	离心机	修理		
31	顶驱	冲管更换	三级	钻井队
32		保护接头更换		

续表

序号	设备名称	检维修项目	风险级别	责任单位
33	顶驱	内防喷器更换	三级	钻井队
34	顶驱	油滤更换	三级	钻井队
35	顶驱	润滑系统维修	三级	钻井队
36	顶驱	液压系统维修	三级	钻井队
37	顶驱	其他检维修项目	三级	钻井队
38	防碰系统	调整	三级	钻井队
39	防碰系统	更换	三级	钻井队
40	防碰系统	维修	三级	钻井队
41	水龙头	更换冲管	三级	钻井队
42	水龙头	更换保护接头	三级	钻井队
43	水龙头	其他检维修项目	三级	钻井队
44	绞车	更换链条	三级	钻井队
45	绞车	润滑系统检修	三级	钻井队
46	绞车	排绳器检修	三级	钻井队
47	绞车	其他检维修项目	三级	钻井队
48	并车传动箱	更换链条	三级	钻井队
49	并车传动箱	润滑系统检修	三级	钻井队
50	并车传动箱	其他检维修项目	三级	钻井队
51	离合器	更换摩擦片	三级	钻井队
52	带刹系统	检查调节	三级	钻井队
53	带刹系统	更换刹带块	三级	钻井队
54	带刹系统	其他检维修项目	三级	钻井队
55	盘刹系统	更换刹车片	三级	钻井队
56	盘刹系统	更换碟簧	三级	钻井队
57	盘刹系统	蓄能器胶囊	三级	钻井队
58	盘刹系统	销轴	三级	钻井队
59	盘刹系统	其他检维修项目	三级	钻井队
60	传动设备	联动机检维修	三级	钻井队
61	传动设备	变速箱检维修	三级	钻井队
62	传动设备	分动箱检维修	三级	钻井队
63	传动设备	角速箱检维修	三级	钻井队
64	传动设备	其他检维修项目	三级	钻井队
65	液气大钳	检维修	三级	钻井队
66	气（液）动卡瓦	检维修	三级	钻井队

续表

序号	设备名称	检维修项目	风险级别	责任单位
67	液压猫头	检维修		
68	钻井泵	液力端维修		
69		更换阀体		
70		更换阀座		
71		更换缸套		
72		更换中心拉杆		
73		更换活塞杆		
74		更换空气包胶囊		
75		其他检维修项目		
76	安全阀	检修更换		
77	柴油机	更换水箱		
78		更换缸盖		
79		更换风扇		
80		更换耦合器		
81		更换气门	三级	钻井队
82		更换增压器		
83		更换高压油泵		
84		更换水泵		
85		更换减震器		
86		更换中冷器		
87		更换三滤		
88		其他检维修项目		
89	液压站	蓄能器检查		
90		其他检维修项目		
91	寿力压缩机	空滤、油滤更换		
92		其他检维修项目		
93	气路	检修		
94	一般电气设备	维修		
95	电路	检修		
96	固控系统	修理		
97	水罐	修理		
98	冬防保温设施	检维修		
99	现场同类设备	更换		
100	其他未列入设备	检维修项目		

结合作业现场常用的设备设施功能特点，对一、二、三级检维修作业进行细分，明确设备名称、检维修项目、风险级别、责任单位，建立钻井队设备检维修风险分级管控清单（表1-1）。

图1-9　顶驱保护接头的检查

图1-10　顶驱保护接头的探伤

图1-11　阀岛检维修（一）

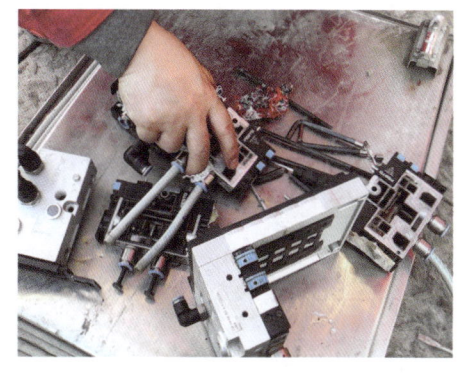

图1-12　阀岛检维修（二）

图1-13　检修液压站储能器气囊（一）

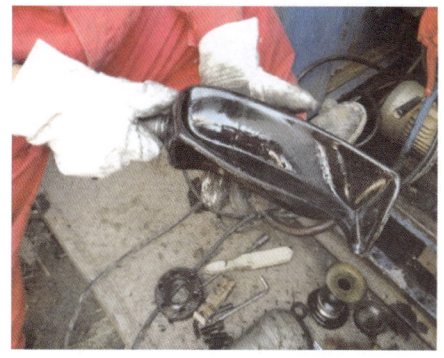

图1-14　检修液压站储能器气囊（二）

第三节　钻井设备检维修作业基本流程

按照风险管控管理，将设备检维修作业分为申报流程和实施流程，在现场开展作业时，由相关责任人按照流程对照实施，落实流程中每个步骤的要求和措施，防范检维修作业事故。

一、申报流程

各级检维修作业要明确管控责任，实行申报和分级管控。其中：一级检维修作业由基层队站逐级申报总公司，由装备部安排专人到现场监控；二级检维修作业申报大队（项目部），由设备管理办公室安排专人到现场监控；三级检维修作业由基层队站负责监控，所有检维修作业应通知现场 HSE 监督员。具体流程如图 1-15 所示。

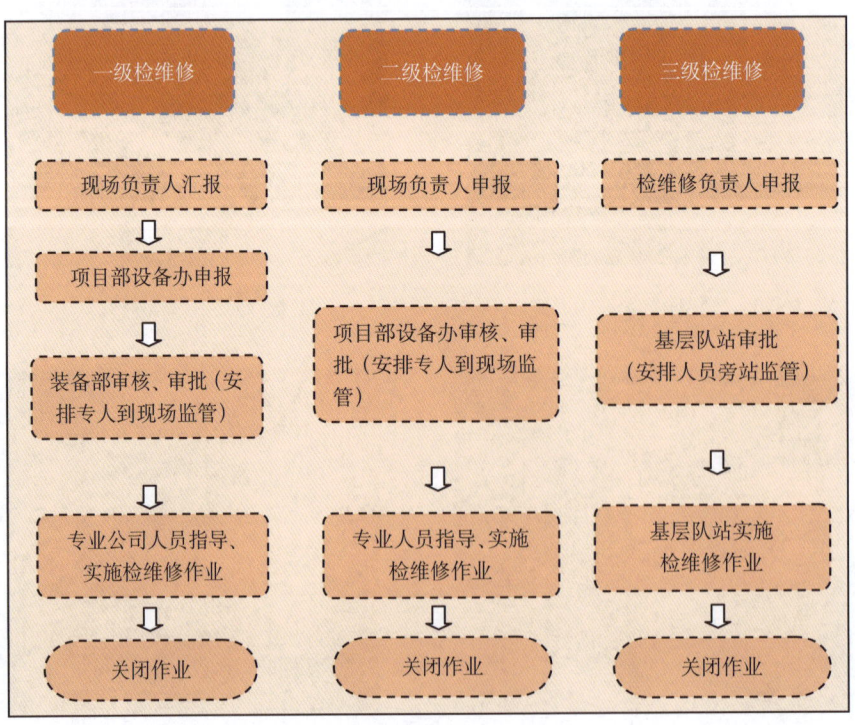

图 1-15　检维修作业申报流程

二、现场实施流程

按照分级管控流程申报，得到上级审批后，仍需要按照一定的流程，在现场实施检维修作业，来管控作业中的风险。实施流程一般分为七步，具体如图1-16所示。

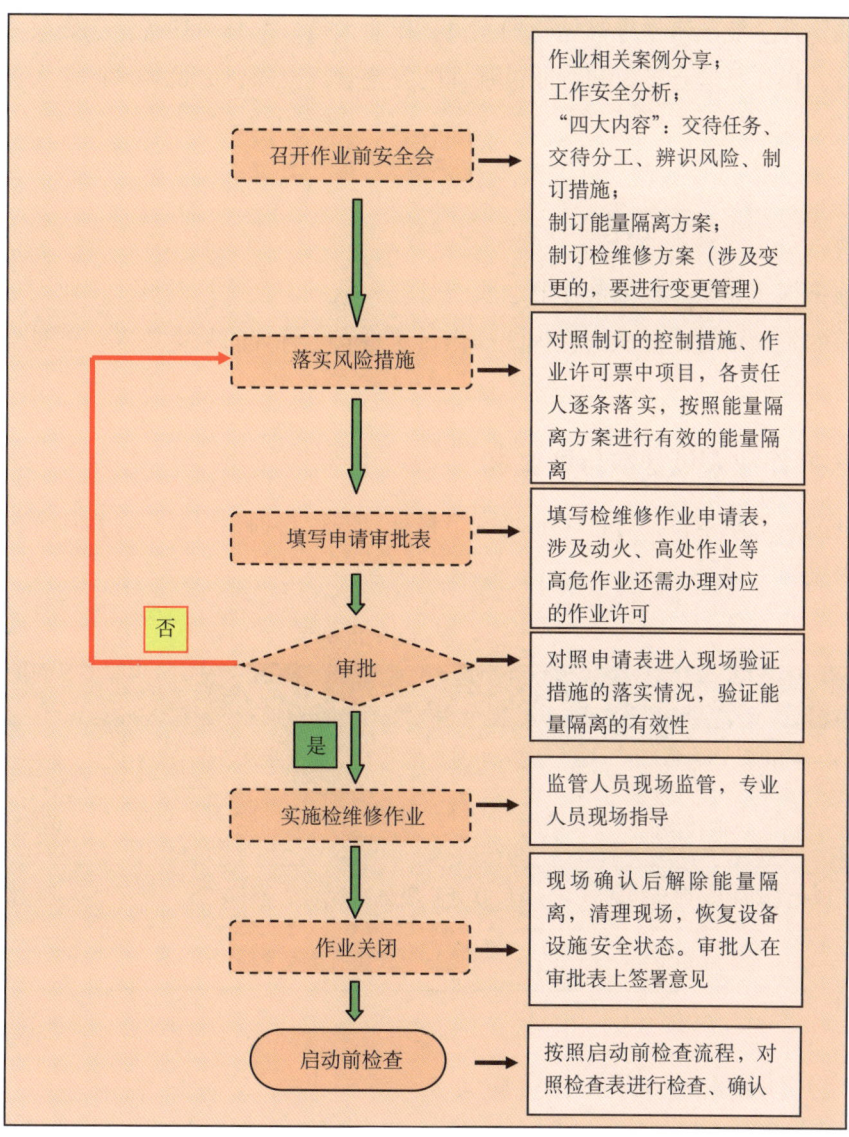

图1-16 检维修作业实施流程

第四节 钻井设备检维修作业安全管理

石油钻探企业从事检维修的管理人员、作业人员，都必须具备相应资质才能进入现场监管、操作，这是国家和行业最基本的安全管理要求，更是确保作业人员安全的基础。

一、人员资质要求

石油钻探企业从事检维修作业的安全管理人员、安全监督人员、作业人员都需要持有相应的资质证件才能上岗指挥、操作，这是安全管理的基本要求，更是确保安全的基础。

（一）作业人员基本持证要求

钻井队人员基本持证有：HSE 培训合格证、井控培训合格证等，具体证件名称及发证机关见表 1-2。

表 1-2 基本持证要求

序号	证件名称	发证机关	备注
1	HSE 培训合格证	厂（处）级公司质量安全环保部	必须持证
2	井控培训合格证	中国石油天然气集团公司、国际钻井承包商协会等有井控培训资质的培训单位	必须持证
3	硫化氢防护培训合格证	厂（处）级公司质量安全环保部	必须持证
4	安全监督员证	厂（处）级公司质量安全环保部	安全监督人员

（二）作业人员专项操作资质

检维修作业中，可能会涉及用电、焊切割、登高、吊装等作业项目，在这些作业项目部中，作业人员除了持有钻探企业要求的基本证件，还需按照国家及行业相关规定，持有相应的作业操作证。常见的专业项目操作持证见表 1-3。

表 1–3 专项作业项目操作证

序号	证件名称	发证机关	备注
1	低压电工操作证	地市级技术质量监督局、安全生产监督管理局	可选证件，从事低压电器检维修
2	登高架设作业证	地市级技术质量监督局、安全生产监督管理局	登高作业用
3	金属焊接切割操作证	地市级技术质量监督局、安全生产监督管理局	从事尽速焊接、切割作业用
4	压力容器操作证	地市级技术质量监督局、安全生产监督管理局	从事压力容器操作用
5	锅炉操作证	地市级技术质量监督局、安全生产监督管理局	从事锅炉操作用
6	高压焊工操作证	地市级技术质量监督局、安全生产监督管理局	从事高压焊接、切割用
7	司钻作业证	地市级技术质量监督局、安全生产监督管理局	进行司钻作业用
8	司索证	地市级技术质量监督局、安全生产监督管理局	从事吊装作业用
9	吊装指挥证	地市级技术质量监督局、安全生产监督管理局	可选证件，特种作业范围

二、检维修作业相关职责

（一）现场作业人员职责

（1）按照规定穿戴劳保护具，选择适合的工具。

（2）在作业前应充分了解作业的内容、分工、方法、要求，熟知作业中的风险及控制措施。

（3）按照作业流程，遵照安全技术操作规程，开展检维修作业。

（4）作业中，落实好风险控制措施，落实好"三不伤害"。

（5）对强令违章作业、安全措施不落实等情况拒绝作业。

（6）设备负责人或专业技术人员负责制订设备检维修方案，对设备检维修中能量进行辨识，确定隔离点；向作业人员交待作业任务和具体的做法。

（7）作业结束后清理现场，恢复因检维修需要而拆移的盖板、扶手、栏杆、防护罩等安全设施的安全使用功能。

（二）现场监护人员职责

（1）对人员的安全进行严格监护，发现现场存在可能造成作业人员伤害的因素，或其他人员的操作影响到作业人员的安全，必须立即采取措施，必要时停止作业。

（2）对作业票中安全措施的落实情况进行认真检查，发现制订的措施不当或落实不到位等情况时，应当立即制止作业。

（3）对能量隔离等现场各种情况进行监护，避免他人误操作影响作业人员的安全。

（4）作业完成后，检查作业现场，确认无安全隐患。

（三）基层队站职责

（1）负责对照检维修作业分级管控清单进行申报；组织制订设备检维修方案，组织作业人员召开作业前安全会，组织辨识作业项目中的风险、制订消减措施；对作业人员进行任务安排；审查作业票上的内容、制订的措施是否得到全面落实，确认作业人员资质、监护人到位等情况，验证能量隔离情况等，负责在作业票上签署意见，安排人员对作业全过程进行监管。

（2）配备对应的安全防护设施。

（3）根据国家相关规定和现场实际情况，在相应区域设立相应的安全标识。

（4）对人员进行包括以下内容的培训教育：

①有关检维修作业的安全规定和制度。

②检维修作业现场、检维修过程中存在的风险、措施和可能出现的问题及相应应急对策。

③检维修作业过程中所使用的安全防护设施、护具及其对应的使用方法、注意事项。

④相关事故案例和经验、教训。

（四）项目部职责

1. 设备管理部门职责

（1）参与、制订、审查钻井队检维修方案。

（2）对二级检维修作业，进行现场监管，验证检维修作业各项措施的落实，并在审批表上签署意见。

（3）收集钻井队检维修情况，并进行统计、分析，做好检维修培训。

（4）对参与检修作业的承包商进行资质审查，对采用的方案等进行审核，并全面管理。

（5）检维修涉及工程技术、安全管理、生产组织等多个方面，以及多工种、多层次交叉、多方面作业时，进行统一协调、组织。

2. 安全管理部门职责

（1）指导、督促钻井队运用好风险控制工具，防控作业风险。

(2) 对二级检维修作业，进行现场监管，验证检维修作业各项措施的落实。

(3) 验证参与检维修作业中人员资质，验证检维修作业中各项措施的有效性，包括处置措施可行性。

(4) 因检维修作业可能引发井控等次生风险，协同设备办公室人员，指导、督促钻井队制订应急预案，对不具备作业条件的，坚决制止检维修作业。

（五）公司职责

1. 装备部门职责

(1) 通过专业的技术方法，对各项检维修作业项目进行风险评估、分级。

(2) 审核、审查检维修作业的实施流程、规程及制订的相关措施、作业许可票据内容等，并提出改进建议和意见。

(3) 分析检维修情况，针对修理频次高的设备，制订措施，通过提高产品质量、采取可靠产品等来减少设备检维修，从源头上规避检维修风险。

(4) 制订检维修作业的规章制度。

(5) 指导各级检维修的正确实施。

2. 安全环保部门职责

(1) 定期对各级单位设备检维修风险管控情况进行审核。

(2) 督促各级负责单位或负责人落实设备检维修作业过程中的职责。

(3) 引用、研究新的风险管控手段，提升检维修作业中安全管理水平。

第二章

钻井设备检维修作业风险和管控措施

钻探企业设备检维修过程中的风险包括火灾、爆炸、起重伤害、高处坠落、物体打击、触电、机械伤害等。对这些风险进行有效识别和控制，可大大降低事故的发生和减少财产损失。本章从钻探企业设备检维修作业主要风险分析、作业操作规程、HSE 风险控制工具入手，为如何有效识别和控制检维修作业风险提供了重要的依据。

第一节 钻井设备检维修作业主要风险

本节建立钻探企业钻井设备检维修作业主要风险清单（表 2-1），从 11 项检维修作业类型出发，设备检维修作业主要风险根据其主要作业风险，将涉及的检维修作业项目进行分类，提出主要管控措施与对策，为钻井检维修作业风险规避提供参考，以期最大限度消减风险，消除隐患，确保安全生产。

表 2-1 钻探企业钻井设备检维修作业主要风险清单

序号	检维修涉及作业类型	检维修作业风险	涉及的检维修作业项目	主要管控措施与对策
1	动火作业	火灾、爆炸	顶驱导轨焊接校正	一级风险，持证上岗，专人监护作业
			高压管汇焊修	一级风险，由专业焊修人员操作
			储气罐焊修和检测	一级风险，由专业焊修和检测人员操作
			顶驱导轨焊接校正	一级风险，由专业焊接人员进行操作
			井架底座焊修和检测	二级风险，由专业焊修人员操作
			水罐焊修	三级风险，办理作业许可，专人监护作业
2	吊装作业	起重伤害	寿力压缩机更换机头	一级风险，由专业技术人员操作更换
			绞车更换传动轴、刹车盘、刹车鼓	二级风险，选择合理的吊点和吊绳，专业人员现场操作
			并车传动箱更换传动轴	二级风险，选择合理的吊点和吊绳，专业人员现场操作

续表

序号	检维修涉及作业类型	检维修作业风险	涉及的检维修作业项目	主要管控措施与对策
2	吊装作业	起重伤害	钻井泵动力端维修、更换皮带轮、更换阀箱总成	二级风险，选择合理的吊点和吊绳，专业人员现场操作
			柴油机更换水箱	三级风险，选择合理的吊点和吊绳
			现场同类设备更换	三级风险，选择合理的吊点和吊绳
3	高处作业	高处坠落	井架高空焊修和检测	一级风险，专业人员操作，配备和使用安全带、差速器等安全防护设施
			高空更换天车滑轮	一级风险，专业人员操作，配备和使用安全带、差速器等安全防护设施，严禁交叉作业
			防碰系统调整、更换、维修	三级风险，配备和使用安全带、差速器等安全防护设施
4	敲击作业	物体打击	柴油机更换缸套、活塞	二级风险，专业人员持证操作，专人配合
			发电机更换缸套、活塞及维修	二级风险，专业人员持证操作，专人配合
			顶驱冲管、保护接头、内防喷器、油滤、润滑系统、液压系统更换	三级风险，严格执行安全操作规程
			水龙头更换冲管、保护接头	三级风险，严格执行安全操作规程
			绞车排绳器检修	三级风险，严格执行安全操作规程
			带刹系统检查调节及更换刹带	三级风险，严格执行安全操作规程
			盘刹系统更换刹车片、碟簧、销轴	三级风险，严格执行安全操作规程
			钻井泵更换阀体、阀座、缸套、中心拉杆等液力端检维修	三级风险，严格执行安全操作规程
			柴油机更换缸盖、风扇、耦合器、气门、增压器、高压油泵、水泵、减震器、三滤	三级风险，严格执行安全操作规程
			寿力压缩机空滤、油滤更换	三级风险，严格执行安全操作规程

续表

序号	检维修涉及作业类型	检维修作业风险	涉及的检维修作业项目	主要管控措施与对策
5	临时用电作业	触电	顶驱电机更换	一级风险，办理作业许可，专业人员操作，专人监护作业
			顶驱主电缆更换	一级风险，专业人员操作，能量隔离，上锁挂签，专人监护
			顶驱控制系统维修	二级风险，专业人员操作，能量隔离，上锁挂签，专人监护
			电控系统维修	二级风险，专业人员操作，能量隔离，上锁挂签，专人监护
			电代油设备安装调试	二级风险，专业人员操作，能量隔离，上锁挂签，专人配合
			主动力系统电缆更换	二级风险，专业人员操作，能量隔离，上锁挂签专人配合
			寿力压缩机控制部分维修	二级风险，专业人员操作，能量隔离，上锁挂签
			一般电气设备维修	三级风险，办理作业许可，专人监护作业
			电路检修	三级风险，办理作业许可，专人监护作业
6	高温作业	烫伤	冬防保温设施检维修	三级风险，能量隔离，专人监护作业
7	旋转设备	机械伤害	离心机修理	二级风险，专业人员操作，专人监护
			离合器更换摩擦片	三级风险，能量隔离，上锁挂签
			传动设备检维修	三级风险，能量隔离，上锁挂签
			液气大钳、气（液）动卡瓦、液压猫头检维修	三级风险，能量隔离，上锁挂签

续表

序号	检维修涉及作业类型	检维修作业风险	涉及的检维修作业项目	主要管控措施与对策
8	高压作业	高压伤害	盘刹系统更换蓄能器胶囊	三级风险，释放压力，能量隔离，专人监护
			更换钻井泵空气包总成及胶囊	三级风险，释放压力，能量隔离，专人监护
			更换安全阀	三级风险，释放压力，能量隔离，专人监护
			液压站蓄能器检查	三级风险，释放压力，能量隔离，专人监护
			气路检修	三级风险，释放压力，能量隔离，专人监护
9	特殊天气和自然灾害	坍塌	更换灌注泵	三级风险，办理作业许可，专人监护作业
10	有限空间	中毒伤害	柴油罐焊修	一级风险，专业人员操作，清理作业空间，专人监护
			绞车更换链条、润滑系统检修	三级风险，清理作业空间，专人监护
			并车箱更换链条、润滑系统检修	三级风险，清理作业空间，专人监护
			固控系统修理	三级风险，清理作业空间，专人监护
11	其他	其他	阀岛维修	二级风险，专业人员操作，能量隔离，上锁挂签

第二节 钻井设备检维修作业操作规程

为了规范基层单位设备检维修操作流程，提升设备检维修操作水平，针对现场检维修作业中存在的问题，梳理出现场常见的检维修项目，详细说明每个检维修项目的作业流程及作业内容，并对可能存在的风险进行识别并制订消减措施，因基层单位设备检维修作业项目较多，在编写过程中，挑选基层单位常见的 7 项检维修作业进行说明，并希望基层管理者举一反三，力求提高设备检维修作业的管理水平（如图 2-1 至图 2-7 所示）。

第二章 钻井设备检维修作业风险和管控措施

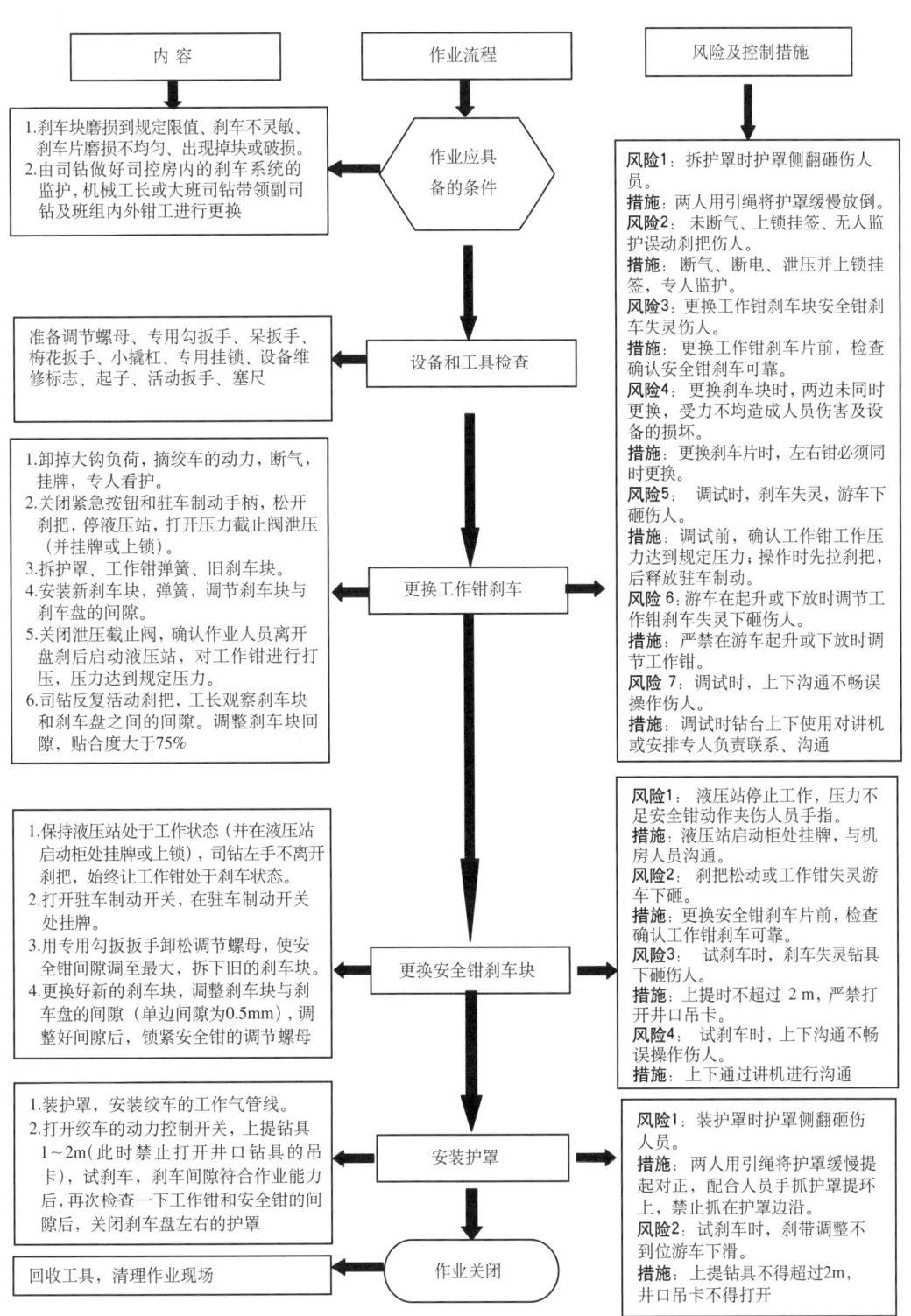

图 2-1 更换盘刹块检维修作业程序

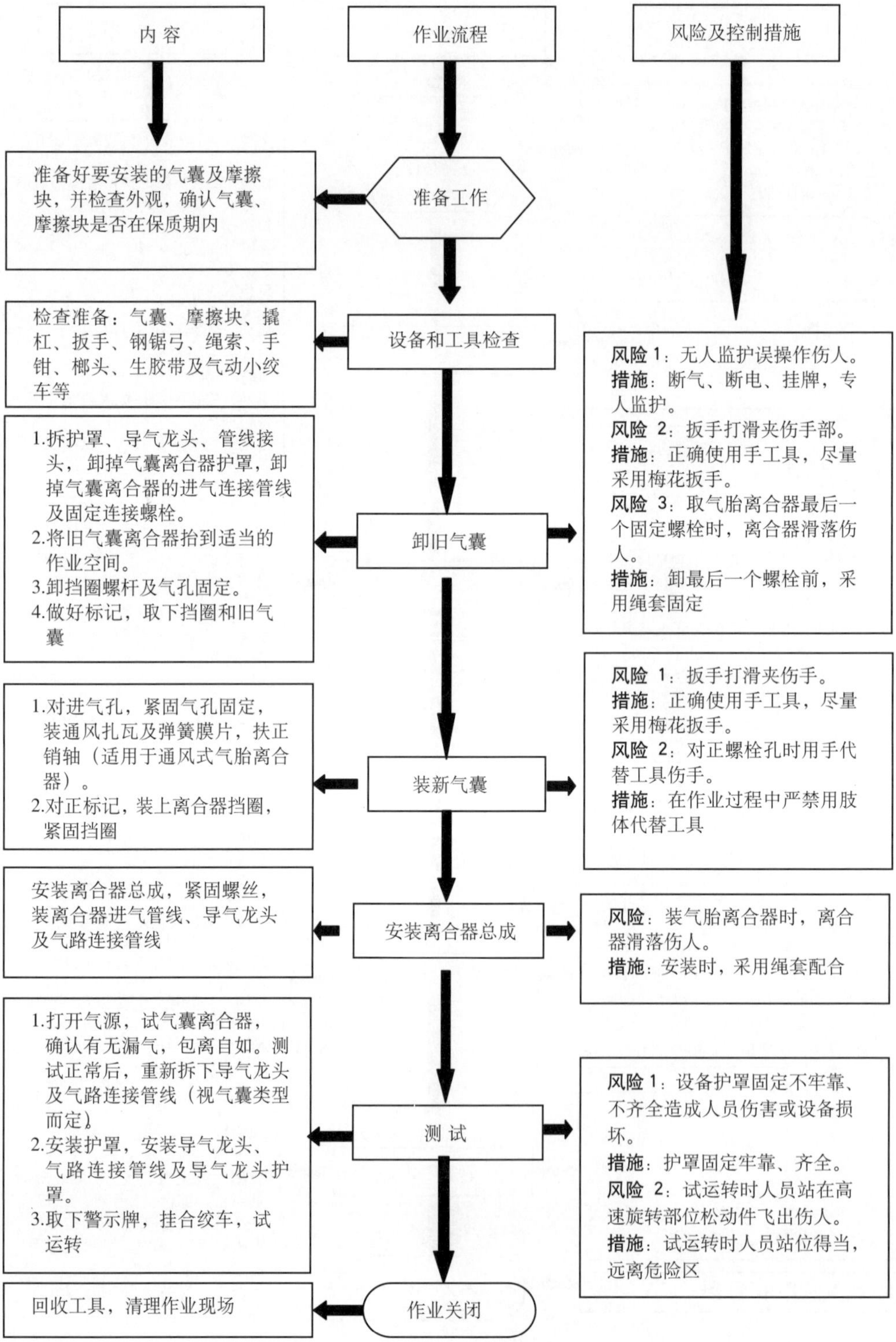

内容	作业流程	风险及控制措施
准备好要安装的气囊及摩擦块，并检查外观，确认气囊、摩擦块是否在保质期内	准备工作	
检查准备：气囊、摩擦块、撬杠、扳手、钢锯弓、绳索、手钳、榔头、生胶带及气动小绞车等	设备和工具检查	**风险1**：无人监护误操作伤人。 **措施**：断气、断电、挂牌，专人监护。 **风险2**：扳手打滑夹伤手部。 **措施**：正确使用手工具，尽量采用梅花扳手。 **风险3**：取气胎离合器最后一个固定螺栓时，离合器滑落伤人。 **措施**：卸最后一个螺栓前，采用绳套固定
1.拆护罩、导气龙头、管线接头，卸掉气囊离合器护罩，卸掉气囊离合器的进气连接管线及固定连接螺栓。 2.将旧气囊离合器抬到适当的作业空间。 3.卸挡圈螺杆及气孔固定。 4.做好标记，取下挡圈和旧气囊	卸旧气囊	
1.对进气孔，紧固气孔固定，装通风扎瓦及弹簧膜片，扶正销轴（适用于通风式气胎离合器）。 2.对正标记，装上离合器挡圈，紧固挡圈	装新气囊	**风险1**：扳手打滑夹伤手。 **措施**：正确使用手工具，尽量采用梅花扳手。 **风险2**：对正螺栓孔时用手代替工具伤手。 **措施**：在作业过程中严禁用肢体代替工具
安装离合器总成，紧固螺丝，装离合器进气管线、导气龙头及气路连接管线	安装离合器总成	**风险**：装气胎离合器时，离合器滑落伤人。 **措施**：安装时，采用绳套配合
1.打开气源，试气囊离合器，确认有无漏气，包离自如。测试正常后，重新拆下导气龙头及气路连接管线（视气囊类型而定） 2.安装护罩，安装导气龙头、气路连接管线及导气龙头护罩。 3.取下警示牌，挂合绞车，试运转	测试	**风险1**：设备护罩固定不牢靠、不齐全造成人员伤害或设备损坏。 **措施**：护罩固定牢靠、齐全。 **风险2**：试运转时人员站在高速旋转部位松动件飞出伤人。 **措施**：试运转时人员站位得当，远离危险区
回收工具，清理作业现场	作业关闭	

图 2-2　更换气囊离合器检维修作业程序

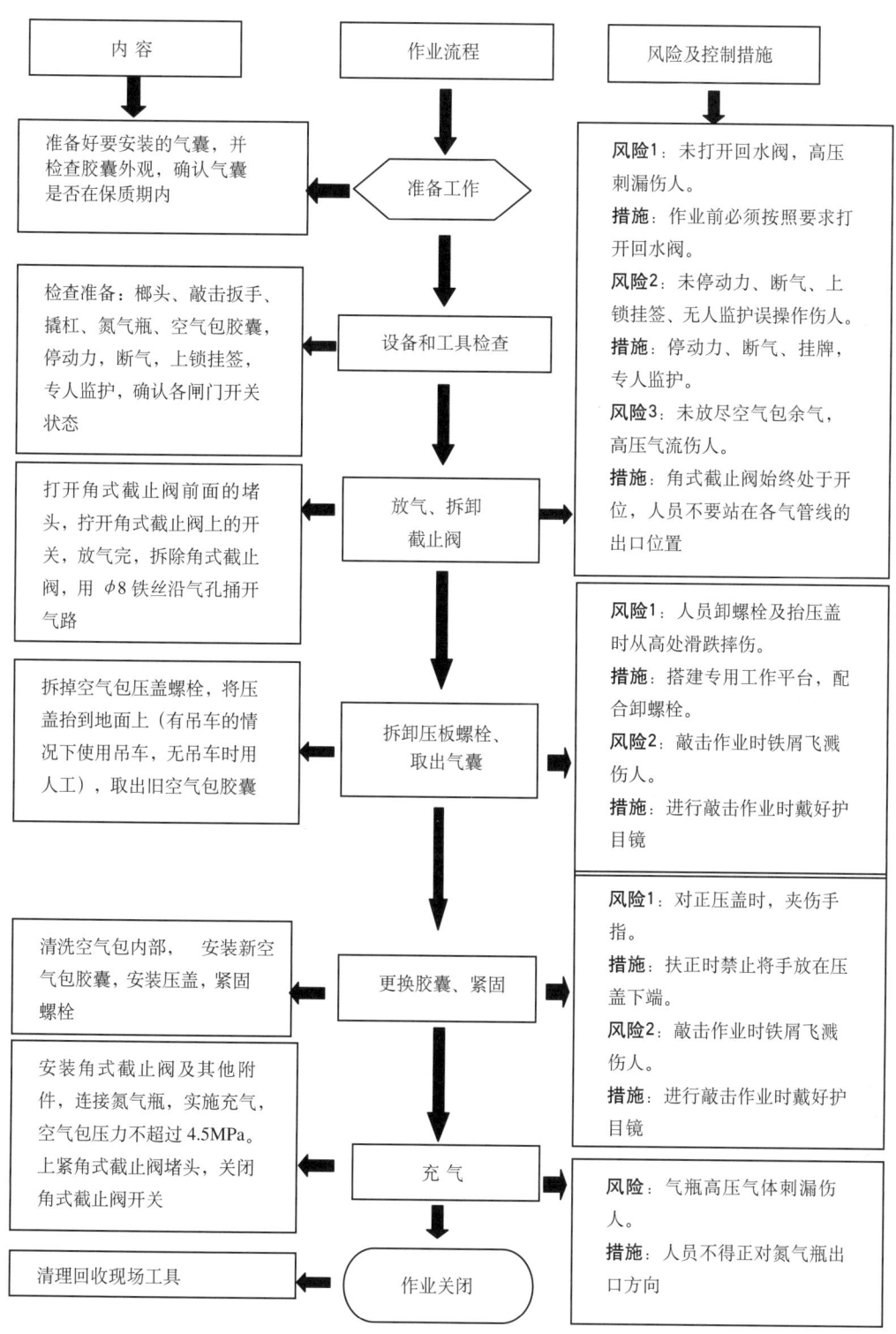

图 2-3 更换钻井泵空气包胶囊检维修作业程序

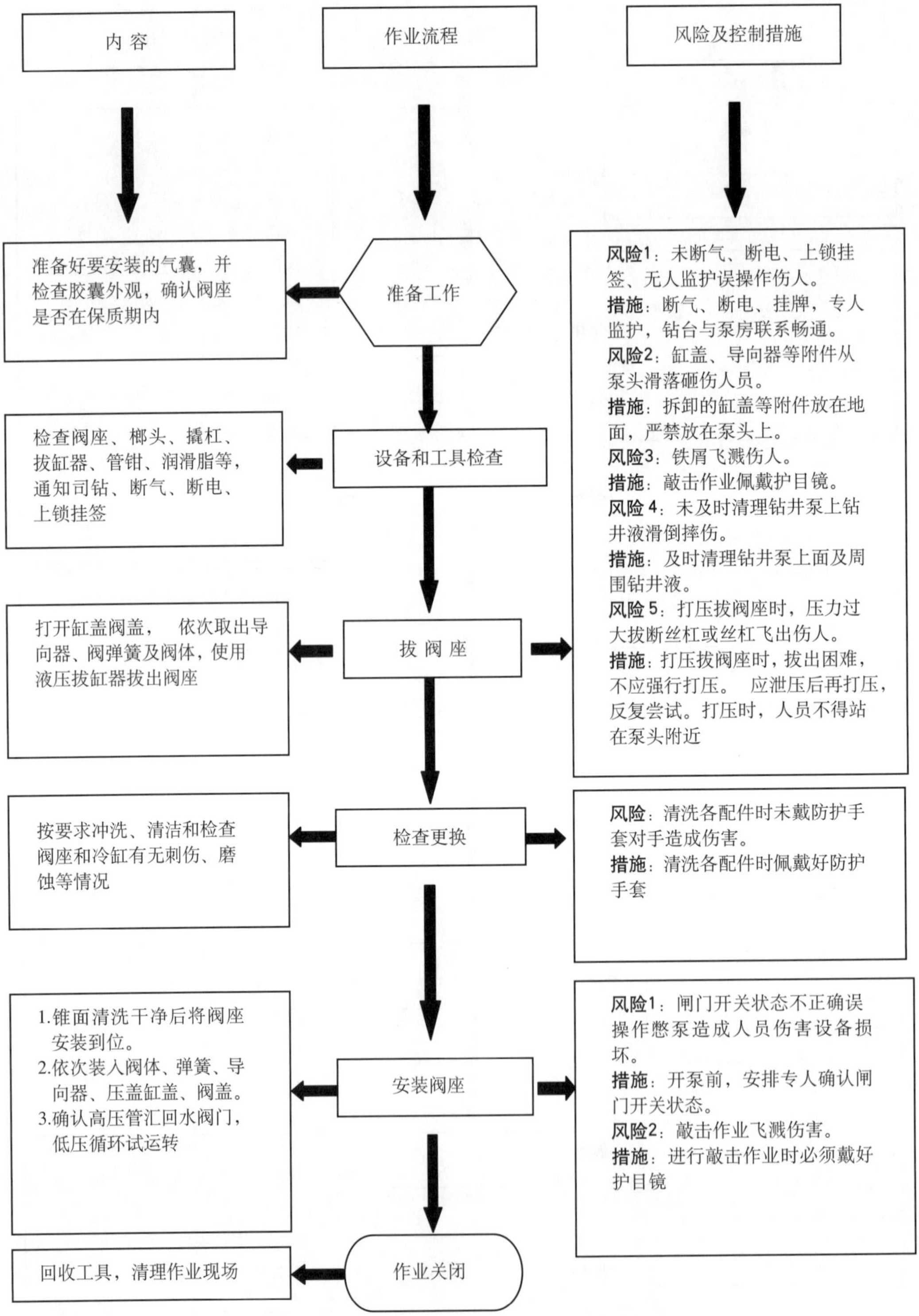

内容	作业流程	风险及控制措施
准备好要安装的气囊，并检查胶囊外观，确认阀座是否在保质期内	准备工作	**风险1**：未断气、断电、上锁挂签、无人监护误操作伤人。 **措施**：断气、断电、挂牌，专人监护，钻台与泵房联系畅通。 **风险2**：缸盖、导向器等附件从泵头滑落砸伤人员。 **措施**：拆卸的缸盖等附件放在地面，严禁放在泵头上。 **风险3**：铁屑飞溅伤人。 **措施**：敲击作业佩戴护目镜。 **风险4**：未及时清理钻井泵上钻井液滑倒摔伤。 **措施**：及时清理钻井泵上面及周围钻井液。
检查阀座、榔头、撬杠、拔缸器、管钳、润滑脂等，通知司钻、断气、断电、上锁挂签	设备和工具检查	
打开缸盖阀盖，依次取出导向器、阀弹簧及阀体，使用液压拔缸器拔出阀座	拔阀座	**风险5**：打压拔阀座时，压力过大拔断丝杠或丝杠飞出伤人。 **措施**：打压拔阀座时，拔出困难，不应强行打压。应泄压后再打压，反复尝试。打压时，人员不得站在泵头附近
按要求冲洗、清洁和检查阀座和冷缸有无刺伤、磨蚀等情况	检查更换	**风险**：清洗各配件时未戴防护手套对手造成伤害。 **措施**：清洗各配件时佩戴好防护手套
1.锥面清洗干净后将阀座安装到位。 2.依次装入阀体、弹簧、导向器、压盖缸盖、阀盖。 3.确认高压管汇回水阀门，低压循环试运转	安装阀座	**风险1**：闸门开关状态不正确误操作憋泵造成人员伤害设备损坏。 **措施**：开泵前，安排专人确认闸门开关状态。 **风险2**：敲击作业飞溅伤害。 **措施**：进行敲击作业时必须戴好护目镜
回收工具，清理作业现场	作业关闭	

图 2-4　更换钻井泵阀座检维修作业程序

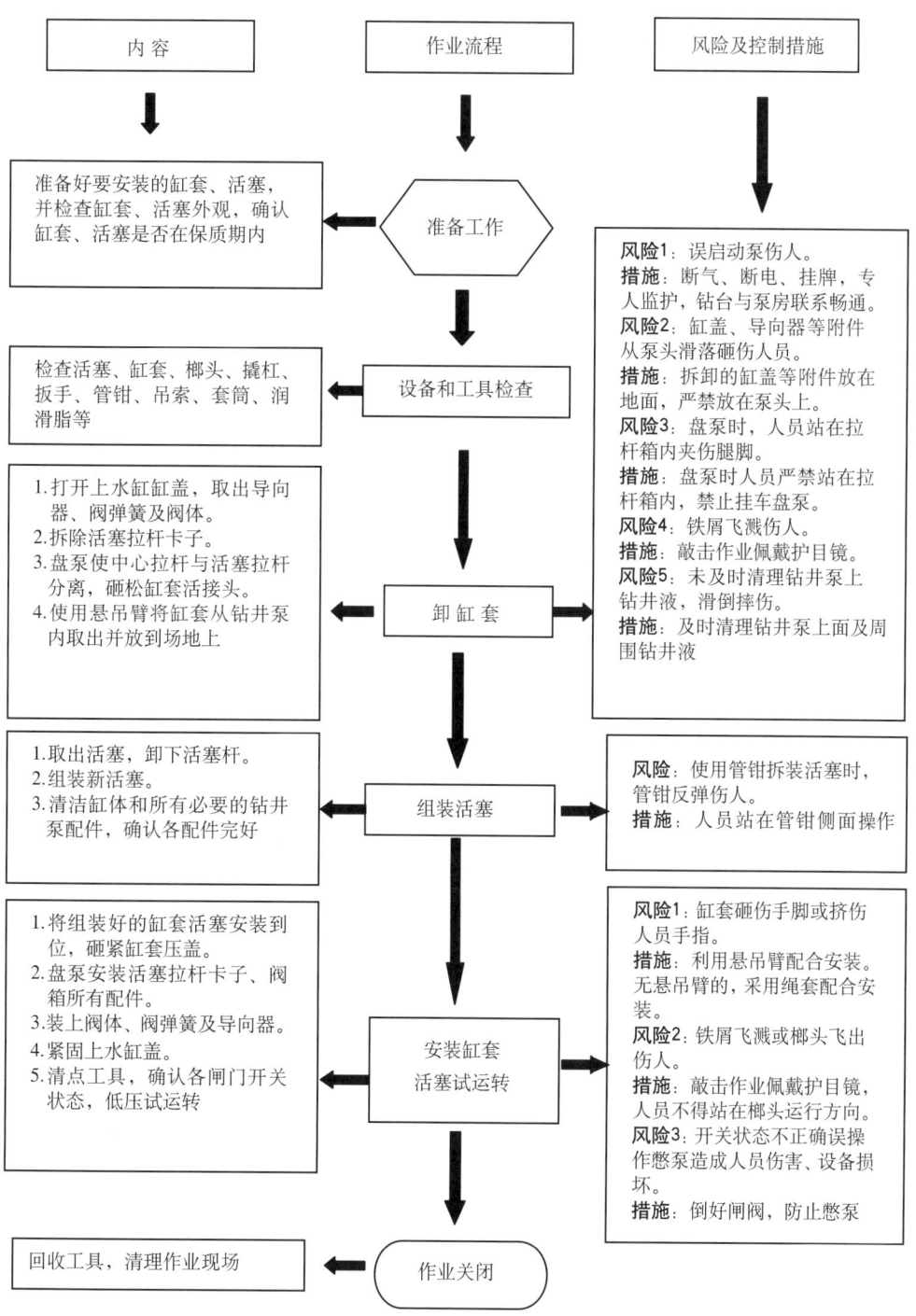

图 2-5 更换钻井泵缸套和活塞检维修作业程序

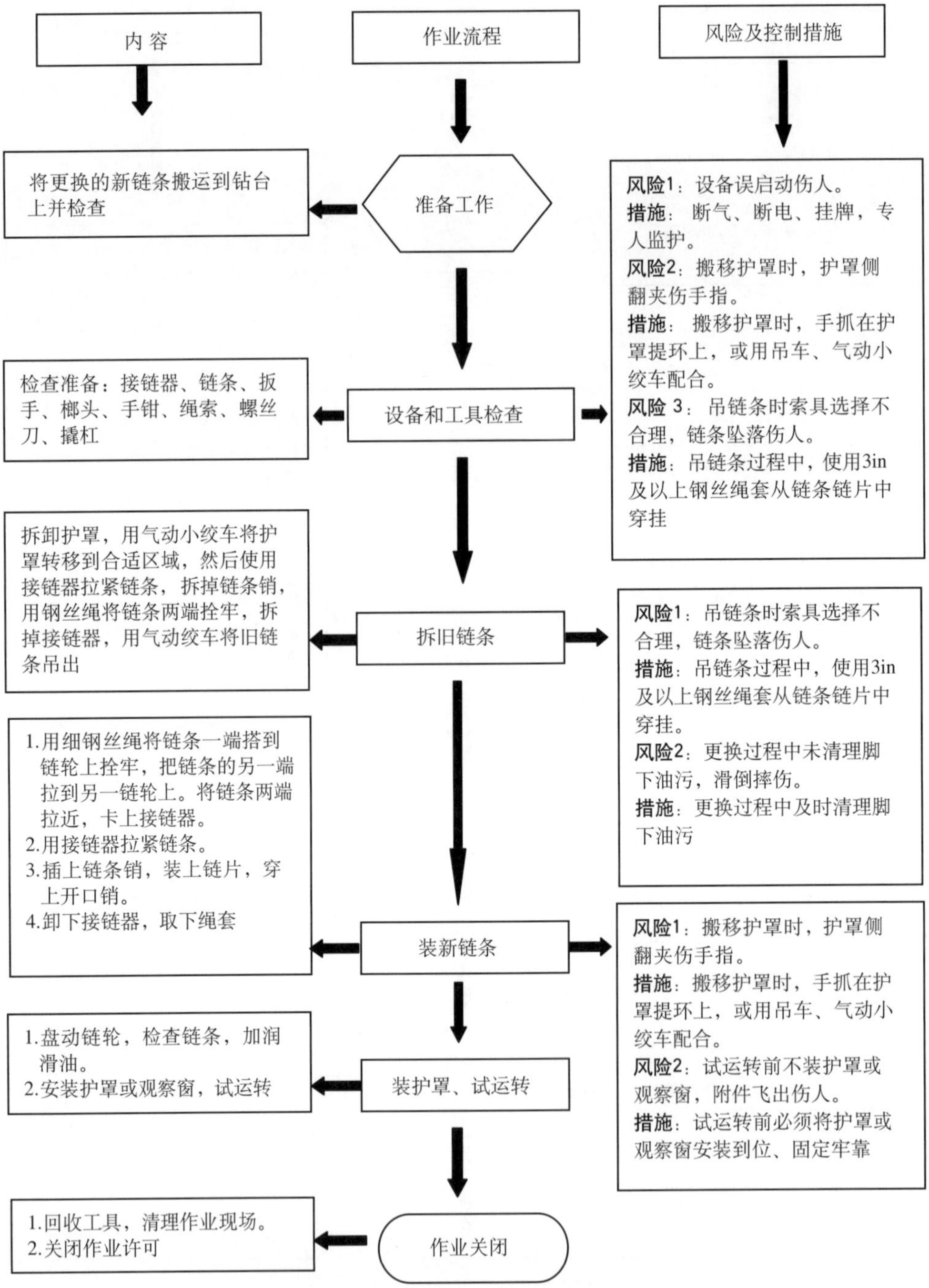

内容	作业流程	风险及控制措施
将更换的新链条搬运到钻台上并检查	准备工作	**风险1**：设备误启动伤人。 **措施**：断气、断电、挂牌，专人监护。 **风险2**：搬移护罩时，护罩侧翻夹伤手指。 **措施**：搬移护罩时，手抓在护罩提环上，或用吊车、气动小绞车配合。 **风险3**：吊链条时索具选择不合理，链条坠落伤人。 **措施**：吊链条过程中，使用3in及以上钢丝绳套从链条链片中穿挂
检查准备：接链器、链条、扳手、榔头、手钳、绳索、螺丝刀、撬杠	设备和工具检查	
拆卸护罩，用气动小绞车将护罩转移到合适区域，然后使用接链器拉紧链条，拆掉链条销，用钢丝绳将链条两端拴牢，拆掉接链器，用气动绞车将旧链条吊出	拆旧链条	**风险1**：吊链条时索具选择不合理，链条坠落伤人。 **措施**：吊链条过程中，使用3in及以上钢丝绳套从链条链片中穿挂。 **风险2**：更换过程中未清理脚下油污，滑倒摔伤。 **措施**：更换过程中及时清理脚下油污
1.用细钢丝绳将链条一端搭到链轮上拴牢，把链条的另一端拉到另一链轮上。将链条两端拉近，卡上接链器。 2.用接链器拉紧链条。 3.插上链条销，装上链片，穿上开口销。 4.卸下接链器，取下绳套	装新链条	**风险1**：搬移护罩时，护罩侧翻夹伤手指。 **措施**：搬移护罩时，手抓在护罩提环上，或用吊车、气动小绞车配合。 **风险2**：试运转前不装护罩或观察窗，附件飞出伤人。 **措施**：试运转前必须将护罩或观察窗安装到位、固定牢靠
1.盘动链轮，检查链条，加润滑油。 2.安装护罩或观察窗，试运转	装护罩、试运转	
1.回收工具，清理作业现场。 2.关闭作业许可	作业关闭	

图 2-6 更换链条检维修作业程序

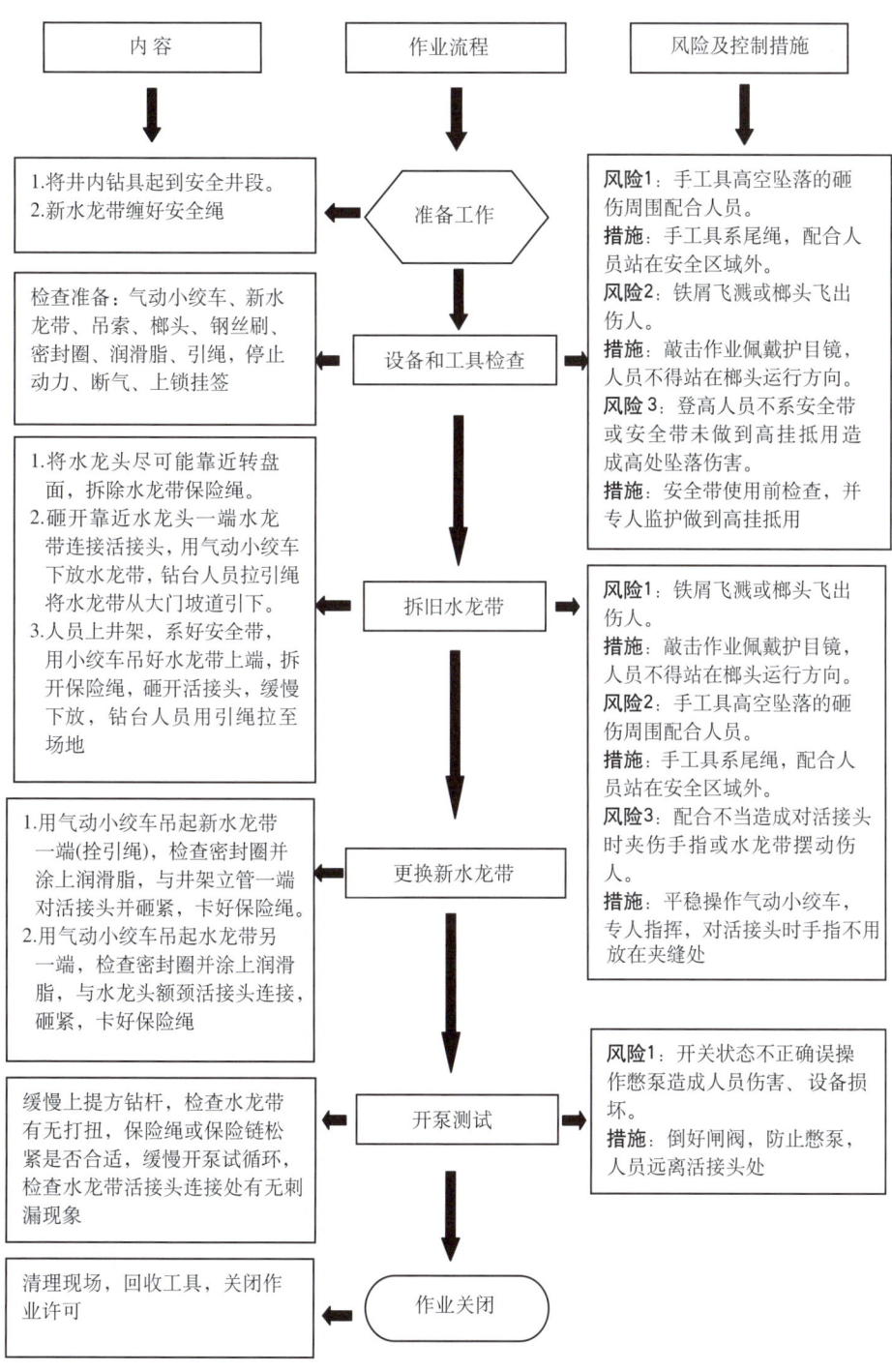

图 2-7　更换水龙带 HSE 作业程序

第三节　钻井设备检维修作业HSE风险控制工具

为有效控制检维修过程中的作业风险，避免人员、设备损伤，本节分别介绍钻井现场常用的六种 HSE 风险控制工具，分别是作业前安全会、工作安全分析、作业许可、安全观察与沟通、启动前安全检查和变更管理。

一、作业前安全会

作业前安全会是对作业条件审核、作业流程及风险交底、作业人员分工的一种临时现场会议。

作业前安全会内容主要包括起（放）井架、动火、非项目吊装、高空作业、进入受限空间等需要办理许可的作业及处理复杂、大型设备临时更换和修理、应急等作业。

作业前安全会议流程：

会议地点：作业现场。

会议时间：作业前。

主持人：作业负责人。

参加人员：参与作业人员，监督公司 HSE 监督员。

会议内容：

（1）安全经验分享。

（2）沟通、补充工作方案、工作安全分析、作业许可票内容。

（3）工作分工。

（4）确认设备设施、工具、劳保护具准备情况。

（5）必要时，学习沟通应急程序。

（6）HSE 监督员提出监督要求。

所有参与作业人员在工作安全分析表上签字认可并随作业许可票一同存档，不在《HSE 综合会议记录》中记录。

二、工作安全分析

（一）目的

为规范作业危害分析，控制作业风险，确保作业人员健康和安全，特制定本规范。

（二）术语和定义

（1）工作安全分析：事先或定期对某项工作任务进行流程分解，对流程中的重点过程进行风险分析，确定可能造成的潜在危害，根据潜在的危害制订相应控制措施，达到消除或最大限度控制危害的目的。

（2）严重性：可能引起的后果的严重程度。

（3）危害：能引起人员的伤害或对人员的健康造成负面影响的情况。

（4）风险：危害发生的可能性。

（三）进行工作安全分析的条件

符合（但不限于）下列情况之一，应进行工作安全分析：

（1）无程序管理、控制的工作。

（2）新的工作（首次由操作人员或相关方人员实施的工作）。

（3）有程序控制，但工作环境变化或工作过程中可能存在程序未明确的危害，如：可能造成人员伤害、发生井喷、有毒气体泄漏、火灾、爆炸等。

（4）偏离程序作业及非常规作业（如钻井作业中途换钻井泵作业）。

（5）作业人员提出需要进行工作安全分析的工作。

以前做过分析或已有操作程序的工作，可以不再进行工作安全分析。但基层单位责任人应审查以前工作安全分析或操作程序是否有效，并对工作环境进行分析，如果存在不足，应重新进行工作安全分析。

紧急状态下的工作任务，如抢修、抢险等，可不进行相关记录，但口头上要进行风险识别，制订消减措施，同时在工作中落实，并执行应急预案。

对那些工作内容笼统、步骤不明确或过程过于庞杂的工作不适宜用工作安全分析进行危害识别和控制。如：处理井下复杂（事故）、搬家安装、固井作业等。

（四）工作安全分析实施步骤

1. 成立工作安全分析小组

（1）基层单位负责人指定工作安全分析小组组长，组长通常是由完成工作任务的班组长或作业负责人担任,也可以由技术或设备负责人等担任。

(2)工作安全分析小组成员一般由参与该项工作的全部人员和其他有工作经验的人员组成。

2. 工作任务分解

(1)分解工作任务时步骤不可过于笼统,也不能过于细节化,应根据工作时间或空间顺序,找出存在风险的关键步骤,一般不宜超过10步。

(2)搜集相关信息,实地考察工作现场,核查以下内容:
①以前此项工作任务中出现的 HSE 问题和事故。
②工作中是否使用新设备。
③工作环境、空间、光线、出口和入口等。
④实施此项工作的关键环节。
⑤实施此项工作的人员是否有足够的知识技能。
⑥是否有影响该工作安全的交叉作业。
⑦其他。

3. 潜在危害识别

(1)工作安全分析小组应识别每步工作的危害及影响,识别时应充分考虑正常、异常、紧急三个状态下的人员、设备、材料、环境、方法五个方面的危害,同时还应识别危害的影响(如:环境、公共设施等)。

(2)危害因素描述应简洁、直接,将工作中会导致人员伤害、设备受损等情况描述清楚;如:"钻井泵万向轴无护罩导致伤人",不应描述为"机械伤害"等危害类别。应用"在干××工作时,由于××的原因会对人造成××伤害"的描述格式,突出对造成危害因素原因的描述。

(3)危害识别完后,要对识别出的每一个危害从可能性和危害程度两个方面进行定性分级。

4. 制订危害控制措施

(1)工作安全分析小组应针对识别出的每项危害,根据风险大小,制订相应的控制措施,达到降低危害的目的。在选择危害控制措施时,应按照"风险控制措施优先顺序"做出最佳选择。

(2)控制措施应制订为具体的技术措施,不要使用类似"小心使用"或"仔细"等无法具体操作的词语,应简洁说明应该做什么或不应该做什么。如打开氧气瓶阀门时,控制措施应制订为"操作人员须站在阀门出口侧面,不应正对阀门出口;不应制订为"小心、注意安全"。

(3) 制订出所有危害控制措施后,还应确定控制措施是否全面有效地将风险控制在可以接受的范围内;对实施该项作业的人员,还需要提出什么要求。

(4) 如果作业风险无法控制到可以接受的程度,则应停止该工作,或者重新设定作业内容。

(5) 在控制措施确定后,如果每项危害都能得到有效控制,且得到工作安全分析小组的一致同意,可进行作业前准备。

5. 作业许可和风险沟通

(1) 需要办理作业许可的作业活动,作业前应获得相应的作业许可,才可开展工作。具体执行《作业许可管理规范》。

(2) 作业前应召开工作前安全会,由工作安全分析小组组长与所有参与作业人员进行有效的风险沟通。

(3) 让参与此项工作的每个人理解完成该工作任务所涉及的活动细节及相应的风险、控制措施和每个人的分工及责任。

(4) 参与此项工作的人员进一步识别可能遗漏的危害因素。

(5) 如果作业人员意见不一致,异议解决,达成一致后,方可作业。

(6) 如果在实际工作中条件或者人员发生变化,或原先假设的条件不成立,则应对作业风险进行重新分析。

6. 现场监控

(1) 作业过程中要指定监护人,对整个作业进行监护、巡查,如出现新的隐患或发生未遂事件、事故,则应停止作业并重新进行工作安全分析。

(2) 任何人都有权利和责任停止他们认为不安全的或者风险没有得到有效控制的工作。

7. 总结与反馈

(1) 作业任务完成后,作业人员应总结经验,若发现工作安全分析过程中的缺陷和不足,向工作安全分析小组反馈。如果作业过程中出现新的隐患或发生未遂事故、事故,小组应审查工作安全分析,重新进行工作安全分析。

(2) 根据作业过程中发生的各种情况,工作安全分析小组提出更新完善该作业任务程序的建议。

（五）其他

（1）技术、设备管理人员、基层单位负责人、管理人员、班组长和操作员工都应接受工作安全分析知识的培训。对操作层员工的工作安全分析培训的方式以现场练习为主。

（2）对可预见的作业，工作安全分析可提前组成工作安全分析小组进行制订；不能预见的临时性作业应在作业前进行工作安全分析。

（3）各单位在进行工作安全分析时，要按照推荐的标准格式填写"工作安全分析表"（见表2-2），并进行备案。

表2-2 工作安全分析表

序号	步骤描述	危害因素	可能伤到的人或物	控制措施、补救措施	措施控制人
1					
2					
3					
4					

三、作业许可

（一）目的

用于规范作业程序未涵盖的非常规作业，包括有专门程序规定的特殊作业，如受限空间、高处作业、吊装、临时用电、动火及其他高风险的临时作业。

（二）术语和定义

（1）申请人：是填写作业许可证，并向批准人提出工作申请的作业负责人。

（2）批准人：负责审批作业许可证的责任人或其授权人，是有权提供、调配、协调风险控制资源的直线管理人员。通常是单位主管领导、业务主管、区域（作业区、车间、站、队、库）负责人、项目负责人等。

（3）非常规作业：临时性的，缺乏程序规定的作业活动。

（4）非计划性维修：是指未列入日常维护、保养计划或无程序指导的临时维修工作。

（三）作业许可范围

（1）施工作业现场的运行区域内进行下列作业应办理作业许可证：

①非计划性维修作业。

②承包商作业。

③偏离安全标准、规则、程序要求的作业。

④交叉作业。

⑤无程序可控制的作业。

⑥屏蔽报警或移除其他安全应急设备的作业。

对不能确定是否需要办理许可证的其他工作，应办理作业许可证。

（2）如果作业中包含下列作业，还应同时办理专项作业许可证，但如果作业内容只涉及以下专项作业，只办理专项许可。

①受限空间作业。

②挖掘作业。

③高处作业。

④移动式起重机吊装作业。

⑤管线断开。

⑥临时用电。

⑦动火作业。

（四）作业许可证申请

（1）作业许可证的办理流程见图2-8。作业前申请人应提出申请，填写作业许可证，并提供以下相关资料：

①作业许可证。

②相关附图，如作业环境示意图、工艺流程示意图、平面布置示意图等。

③工作安全分析。

（2）申请人应实地参与作业许可证所涵盖的工作，否则作业许可证不能得到批准。

（3）作业许可证涉及多个负责人时，则被涉及的负责人均应在申请表内签字。

（4）工作安全分析。

①申请作业许可证前，申请人应组织作业人员按《工作安全分析管理规范》要求进行工作安全分析。

②对于一份作业许可证涉及的多种类型作业，应统筹考虑作业类型、作业内容、

交叉作业界面、工作时间等各方面因素，统一完成工作安全分析。

（5）安全措施。

①申请人在提出申请前应根据工作安全分析的结果，组织作业人员逐项制订和落实安全措施。

②许可证审批之前，对凡是可能存在缺氧、富氧、有毒有害气体、易燃易爆气体、粉尘的作业环境，都应进行气体和粉尘检测，确认合格。同时在安全措施中，注明工作期间的气体检测时间和频次。

③许可证批准后，在作业过程中，申请人应按照检测要求进行气体检测，填写气体监测记录，注明气体检测的时间、频率和检测结果。

（五）书面审查

在收到申请人的作业许可申请后，批准人应组织申请人及相关人员进行书面审查。审查内容包括：

①确认作业的详细内容。

②确认所有的相关支持资料，包括工作安全分析、作业区域相关示意图等。

③确认安全作业所涉及其他相关规范的符合情况。

④确认已识别出各工作步骤中的主要危害、针对主要危害采取的安全措施有效。

⑤确认许可证期限及延期次数。

（6）其他。

（六）现场核查

书面审查通过后，所有参加书面审查的人员应到许可证所涉及的工作区域实地检查，确认各项安全措施的落实情况。确认内容包括但不限于：

（1）与作业有关的设备、工具、材料等。

（2）现场作业人员资质及能力情况。

（3）系统隔离、置换、吹扫、检测情况。

（4）个人防护用品按规定穿戴。

（5）安全设施的配备和完好性，应急措施的落实情况。

（6）培训、沟通情况。

（7）工作安全分析和作业许可证中提出的其他安全措施落实情况。

（七）许可证审批

（1）批准人在书面审查和现场核查通过之后，批准人或其授权人签字批准作业许可。一般情况下，许可证的作业期限不能超过一个班次。

（2）如书面审查或现场核查未通过，应记录查出的问题，申请人应在完善措施后重新办理作业许可。

（3）作业人员、监护人员等现场关键人员变换时，应经过批准人和申请人审批。

（八）许可证取消

（1）当发现有下列任何一种情况时，申请人应立即终止作业，取消作业许可，并告知批准人许可证被取消的原因。

①作业环境或条件发生变化。

②许可证规定的作业内容发生改变。

③作业与本规范的要求发生重大偏离。

④工作时间超出许可证有效期。

⑤发现可能危及生命安全的违章行为。

⑥现场人员发现有重大隐患。

⑦事故状态下。

（2）当正在进行的工作出现紧急情况或发出紧急撤离信号时，所有许可证立即失效，重新作业应办理新的作业许可证。

（3）一份作业许可证控制多个专项作业许可时，若其中任何一项作业因上述原因被停止，其他相关作业应同时停止，本作业许可证及其项下相互影响的专项许可证也同时取消。

（九）许可证延期和关闭

（1）如果在一个班次内未完成工作，申请人可申请许可证延期。申请人、批准人及相关方重新核查工作区域，确认作业条件未发生变化、所有安全措施仍有效，申请人、批准人在作业许可证上签字延期。若有新的安全要求（如夜间工作的照明）也应在许可证上注明。在新的安全要求都落实以后，申请人和批准人方可在作业许可证上签字延期。

（2）在规定的延期时间内没有完成作业，应重新申请办理作业许可证。

（3）作业完成后，申请人与批准人在现场验收合格、确认无安全隐患后，经双方签字关闭作业许可证。

（十）许可证管理

（1）作业许可证一式三联。许可证应编号，编号由许可证批准人填写。

第一联（白色）：和工作安全分析表等附件由作业负责人携带，以便查阅；

第二联（黄色）：张贴在公开处以示沟通，让现场所有有关人员了解现场正在进行的作业位置和内容；

第三联（蓝色）：保留在批准人处。

（2）许可证分发后不得做任何修改。许可证关闭后由批准人将三联许可证和工作安全分析等资料一并存档，许可证保存期限为一年（含取消的许可证）。

（3）当同一工作有多个施工单位参与时，每个施工单位都应有一份作业许可证（或复印件）。作业许可的流程如图 2-8 所示。

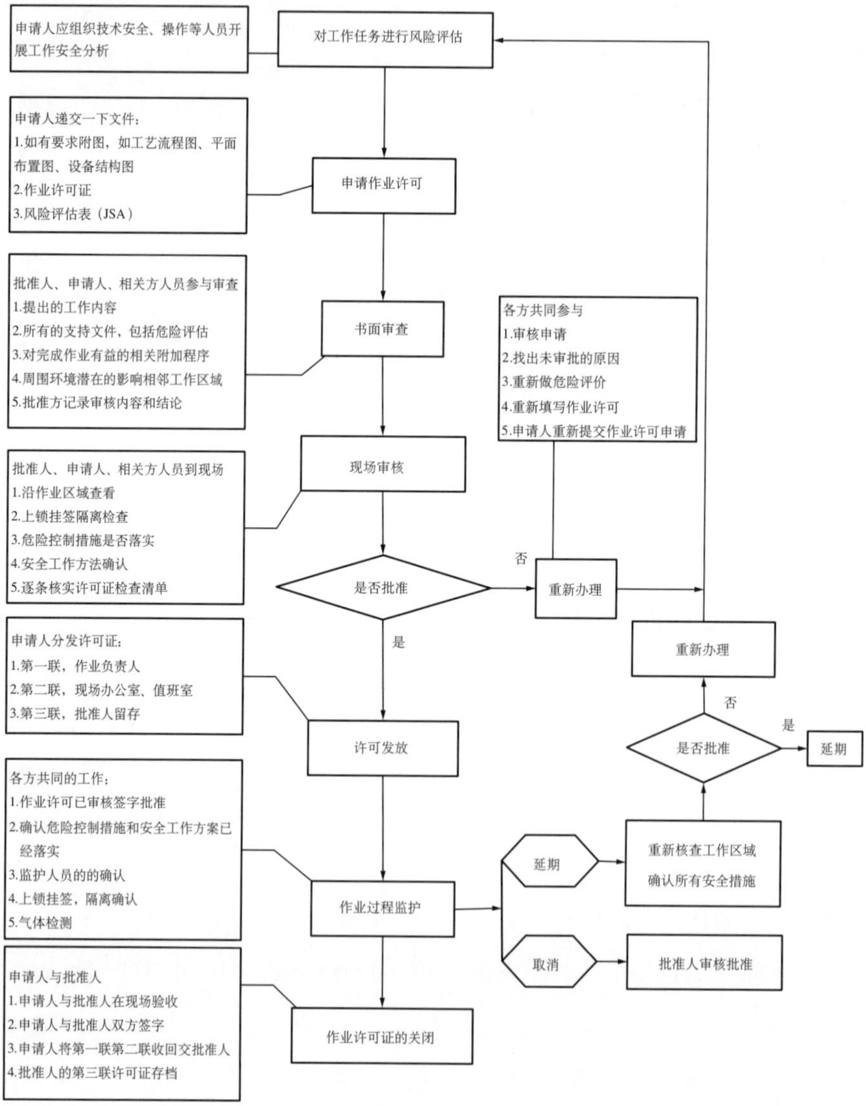

图 2-8 作业许可流程图

四、安全观察与沟通

(一)目的

安全观察与沟通是通过对正在工作的员工进行观察,以非教育的方式与员工平等的交流,讨论安全和不安全行为,说服并尽可能与员工在安全上取得共识,有利于员工接受安全的做法;而不是使员工迫于制度的约束或领导的压力做出承诺,避免员工被动执行规章制度;通过引导和启发让员工思考更多的安全问题,提高员工的安全意识和技能。

(二)术语和定义

安全观察:对正在工作的人员至少观察 30s,以确认有关任务是否在安全地执行。安全观察包括对员工作业行为和作业环境状况的观察(如是否满足劳动防护要求、是否办理许可证、是否上锁挂签等)。

不安全状态:可能导致人员伤害或其他事故的物的状态。

不安全行为:可能对自己或他人造成伤害或其他事故的行为。

(三)安全观察与沟通的五个步骤

(1) 决定:决定安全观察与沟通的时间、区域。

(2) 停止:靠近正在工作的员工,以致你能很清楚地看到员工正在做什么。

(3) 观察:按安全观察与沟通报告(图 2-9)中的观察分类,以细致和系统的方式查看员工正在做的每一件事,特别注意他们是怎么做的。

(4) 行动:阻止——对员工的不安全行为进行阻止;表扬——对员工的安全行为进行表扬;讨论——与员工讨论观察到的不安全行为和可能产生的后果,对员工更为安全的工作方式进行鼓励;沟通——就如何安全地工作与员工取得一致意见,并取得员工的承诺;启发——引导员工讨论工作地点的其他安全问题;感谢——对员工的配合表示感谢。

(5) 报告:在安全观察与沟通报告上填写观察结果。

(四)安全观察与沟通的内容

安全观察与沟通应重点关注可能引发伤害的行为,应综合参考以往的伤害调查、未遂事件调查以及安全观察的结果。其内容为:

(1) 人员的反应:人员在看到所在区域内有管理者时,他们是否改变自己的行为

（从不安全到安全）；人员在被观察时，有时会做出反应，如改变身体姿势、调整个人防护装备、改用正确工具、抓住扶手、系上安全带等；这些反应通常表明人员知道正确的作业方法，只是由于某种原因没有采用。

（2）人员的位置：人员身体的位置是否有利于减少伤害发生的概率。

（3）个人防护装备：人员使用的个人防护装备是否合适，是否正确使用，个人防护装备是否处于良好状态。

（4）工具和设备：人员使用的工具和设备是否合适，是否正确，是否处于良好状态。

（5）程序和秩序：是否有可用的程序，人员是否理解并遵守这些程序；是否知道秩序标准，是否适合或遵守秩序标准，作业场所是否整洁有序。

（6）人机工程学：人的作业方式、心理状态、作业环境、工具设备是否符合人机工程学原则。

（7）工作环境：工作场所是否井然有序、作业区域是否整洁有序、材料及工具的摆放是否适当等。

（五）安全观察与沟通报告

安全观察与沟通报告以卡片的形式在钻井现场进行应用，具体格式见图2—9。

图2—9　安全观察沟通卡格式

五、启动前安全检查

(一) 目的

为保障工艺和设备启动前安全检查工作有序进行,控制安全风险,确保安全生产。

(二) 术语和定义

(1) 启动前安全检查:在工艺、设备启动前对所有相关因素进行检查确认,并将所有必改项整改完成,批准启动的过程。

(2) 必改项:是指启动前安全检查时发现的导致不能投产或启动时可能引发安全、环境事故,必须在启动之前整改的项目。

(3) 遗留项:是指启动前安全检查时发现的会影响投产效率和产品质量,并在运行过程中可能引发安全、环境事故,可在启动后限期整改的项目。

(4) 工艺技术安全信息:是指工艺、设备等与危害有关的使用说明书、工程设计、工艺方案、操作规程等信息资料。

(三) 运行规范

1. 基本要求

(1) 启动前安全检查应作为各单位针对新设备的启动、新工艺的应用、停工检修设备的重新启动、设备安装后的重新启动、工艺设备变更项目安全验收的一个必要条件。

(2) 根据管理权限,成立相应的启动前安全检查小组,根据检查管理流程,按照事先编制好的检查清单进行启动前安全检查。检查管理流程见图2-9,检查清单见表2-3。

(3) 启动工艺、设备应具备以下条件:
①工艺设备符合设计规格和安装标准。
②所有保证工艺设备安全运行的程序准备就绪。
③操作与维护工艺设备的人员得到足够的培训。
④所有工艺危害分析提出的改进建议得到落实和合理的解决。
⑤所有工艺安全管理的相关要求已得到满足。

2. 启动前安全检查小组

(1) 根据项目实际情况,启动前安全检查小组成员可由相关的工艺技术、设备、检维修、主要操作和安全环保专业人员组成。必要时,可邀请相关外部专家参与。

(2)新设备的启动、新工艺的应用、工艺设备变更项目由项目负责人或者主管部门负责人担任组长,成员由组长确定,组成启动前安全检查小组;

(3)停工检修设备的重新启动、设备安装后的重新启动由使用单位现场负责人担任组长,成员由组长确定,组成启动前安全检查小组。

(4)职责。

①参与制订检查清单,并对照检查清单进行审核。

②确认所有启动前必改项和遗留项的解决方案。

③确认所有必改项已整改完成。

④确认所有遗留项已落实监控措施和整改计划。

⑤确认员工已接受启动前安全培训。

3. 启动前安全检查计划会议

启动前安全检查组长召集所有成员召开计划会议,主要内容包括:

①介绍整个项目概况。

②制订、审查并完善启动前安全检查清单(见表2-3)。

表2-3 启动前安全检查清单

检查项目: 　　　　　　　　　　　　　　　检查日期:

检查验收内容	需要行动项目		检查情况或整改要求	检查负责人
	必改项	遗留项		
	□	□		
	□	□		
	□	□		
	□	□		
	□	□		
	□	□		
	□	□		
	□	□		

③明确成员任务分工。

④明确进度计划。

4. 主要检查内容

启动前安全检查小组应针对工艺设备的特点编制检查清单，检查清单应包括但不限于以下内容：

①各单位应根据各自实际制订相应启动前安全检查表，并注明遗留项和必改项。

②专项检查执行专项检查标准。

③启动前安全检查小组应对检查表的完整性组织审核。

（1）工艺技术。

①工艺设备投产方案已得到批准。

②相关的工艺技术安全信息建立了沟通渠道，方便相关人员获取。

③工艺危害分析措施已得到落实。

④操作规程和相关安全要求符合工艺技术要求并经过批准确认。

（2）人员。

①所有相关员工已接受有关 HSE 知识、操作规程及应急知识等内容培训。

②个人防护装备齐全并符合要求。

③特种作业人员已取证且在有效期内。

④承包商员工得到相应的 HSE 培训，内容包括工作场所或周围潜在的危害及应急知识。

⑤新上岗或转岗员工了解新岗位可能存在的危险并具备胜任本岗位的能力。

（3）设备、设施。

①安全标识牌齐全。

②消防与安全设施齐全。

③设备安装符合设计要求。

④电气设备安装符合安全要求。

⑤设备、设施安装符合人机工程要求。

⑥维修过的管线、法兰、安全阀及设备已进行了专项检查。

⑦控制、连锁、报警系统和紧急切断装置符合安全要求。

⑧已按要求建立了设备运行、检维修、保养等程序。

（4）环境保护。

对产生的废弃物具有防范和处理措施。

（5）应急响应及沟通。

应急预案与工艺技术安全信息相一致，并与相关方进行了沟通。

（6）变更管理。

所有相关的变更人员已经根据人员变更程序进行了培训。

工艺和设备变更已获得批准并记录在案，引起的风险已得到控制，操作规程、工艺流程、应急预案等相关信息已得到更新。

5. 实施检查

检查分为信息资料审查和现场检查。启动前安全检查成员应根据任务分工，依据检查清单对工艺设备进行检查，将发现的问题形成书面记录并明确检查内容、检查地点、检查人。

6. 审议会议

完成启动前安全检查清单的所有项目后，各成员应逐一汇报检查过程中发现的问题，并按必改项和遗留项进行分类，形成启动前安全检查综合报告，确认启动前或启动后应完成的整改项、整改时间和责任人。启动前安全检查综合报告式样参见表2-4。

表 2-4　启动前安全检查综合报告

单　　　　位：_____

项　目　名　称：_____

设备名称编号：_____

检　查　日　期：_____

检查组成员签字

检查组成员	职务／职称	签　字	日　期

必须在启动前解决的问题（必改项）

项　目	整改负责人	计划完成日期	实际完成日期	完成确认签字

启动前安全检查小组已经按照检查清单实施了文件审查和现场检查，并确认本报告中所有必改项必须在启动前得到解决且验收合格

可以在启动后完成整改的问题（遗留项）

项　目	负责人	计划完成日期	完成确认	完成日期

　　我已经与启动前安全检查小组审议并确认所有必改项完成整改，所有遗留项已经落实监控措施和整改计划，该装置可以安全投运。

启动批准人签字：
日期：

7. 批准和跟踪

所有必改项已经整改及所有遗留项已经落实监控措施和整改计划后，由组长批准实施启动。

启动前安全检查组长和单位负责人跟踪启动前安全检查遗留项，并检查各项的整改结果。

8. 文件管理

将启动前安全检查清单、综合报告、监督整改信息等资料予以保存。

启动前安全检查管理流程如图 2-10 所示。

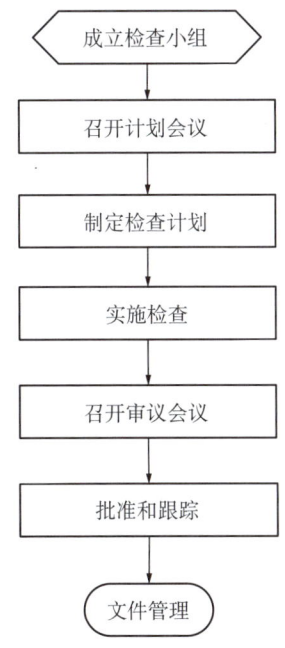

图 2-10　启动前安全检查管理流程

六、变更管理

（一）术语和定义

（1）技术变更：指涉及工艺技术、设备设施、工艺参数等超出现有设计范围的改变（如压力等级改变、压力报警值改变等）。

（2）微小变更：影响较小，不造成任何工艺参数、设计参数等的改变，但又不是同类替换的变更。即"在现有设计范围内的改变"。

(3) 同类替换：符合原设计规格的更换。

（二）变更范围

(1) 本规范所涉及的工艺和设备变更范围主要包括：

①设备和工具的改变。

②工程设计的改变。

③安全装置的改变，如安全报警设定值的改变、安装位置、数量的改变等。

④操作规程的改变。

(2) 变更应实行分类管理。微小变更和技术变更管理执行变更管理流程，见图2-11。同类替换不执行变更管理流程。

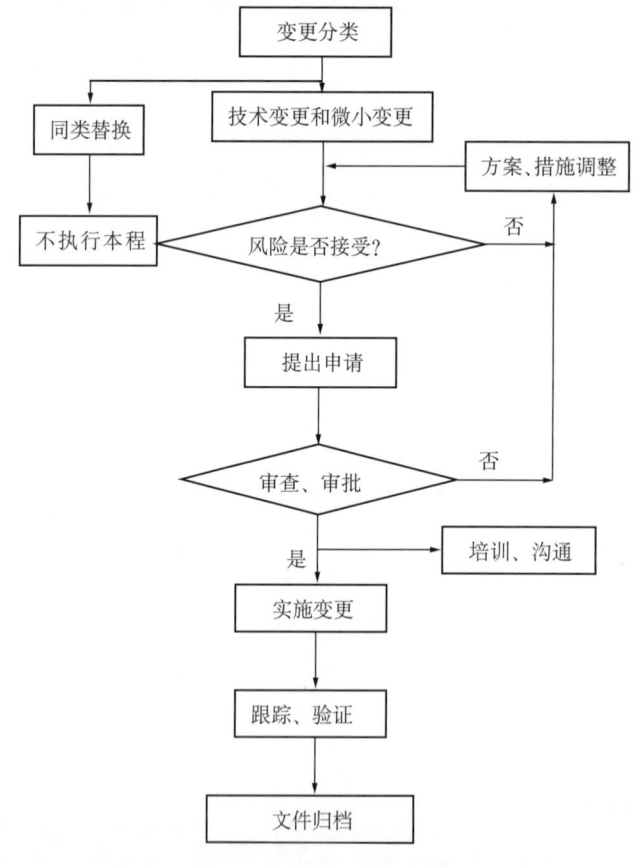

图 2-11　变更管理流程

（三）变更申请、审批

(1) 变更申请由组织实施作业的负责人提出，作业管理者或各级技术、设备管理部门负责人负责审核批准并组织培训和沟通。

（2）变更申请人应初步判断变更类型、影响因素、范围等情况，按分类做好实施变更前的各项准备工作，提出变更申请。技术变更申请审批表参见表 2-5，微小变更申请审批表参见表 2-6。

表 2-5　技术变更申请审批表

单位名称：		顺序号：	
工艺／设备类型		申 请 日 期	
申请人		变更起止日期	
变更主题：			
变更原因及目的：			
变更内容：			
是否要求工艺危害分析？ □是（若是，请附工艺危害分析报告表） □否			
潜在的影响及控制措施			
安全与健康（参见变更检查表）			
环境影响（参见变更检查表）			
其他影响（质量、成本、法律等）			
注：以上内容由申请人填写！			
变更所带来的问题陈述：			
变更的技术依据（预期改善的性质、实施此项变更的安全性、评审支持性的实验或工艺数据等）：			
技术方案／操作程序：			
审查意见： 审查成员签字／日期： 审批意见： 审批人签字／日期：			

表2-6　微小变更申请审批表

工艺设备类型：　　　　　　顺序号：

申 请 人		日期	
变更原因及内容：			
实施变更前需要的审查项目			
内容	是否有关	审查人	结论
要求对仪器/设备进行质量保证检查、检验			
对质量的影响			
需要沟通			
其他方面的影响（如法规等）			
审批意见：			

审批人签字/日期：

(3）变更应充分考虑健康、安全和环境影响，并确认是否需要工艺危害分析。对需要做工艺危害分析的，分析结果应经过审核批准。

（4）变更管理实行分级审批，由适当级别的直线管理部门负责人签字确认、批准。应根据变更影响范围的大小以及所需调配资源的多少，决定变更审批权限。在满足所有相关工艺安全管理要求的情况下，批准人或授权批准人方能批准。

①微小变更由班组长或工作现场负责人提出申请，现场技术（设备）主管审批。

②技术变更由作业队（车间）负责人提出申请，上级主管部门审查通过、负责人审批同意后实施。

（5）变更申请内容：

①变更的原因及目的。

②变更的相关技术基础资料。

③变更内容。

④健康、安全和环境的影响。

⑤涉及操作规程修改的，申请时应提交修改后的操作规程。

（6）变更审批内容：

①对人员培训和沟通的要求。

②变更的限制条件（如时间期限、物料数量等）。

③强制性批准和授权要求（由生产区域的直线组织负责）。

（四）变更实施要求

（1）变更应严格按照变更审批确定的内容和范围实施，并对变更过程实施跟踪。

（2）变更实施过程中如涉及作业许可，应办理作业许可证。

（3）变更设备启动前要执行启动前安全检查相关要求。

（4）应确保变更涉及的所有工艺安全相关资料以及操作规程都得到适当的审查、修改或更新。

（5）完成变更的工艺、设备在运行前，应对变更影响或涉及的如下人员进行培训或沟通，必要时，针对变更制订培训计划。培训或沟通的内容包括：变更目的、作用、程序、变更内容、岗位和职责，变更中可能的风险和影响，以及同类事故案例。涉及的人员包括：

①变更区域的人员，如维修人员、操作人员等。

②变更管理涉及的人员，如技术、设备管理人员、培训人员等。

③相关的直线组织管理人员。

④相邻的装置或区域。

⑤其他相关的人员，如承包商、供货商、外来人员等。

（6）为有效地完成变更，应明确变更过程所需要的信息资料。典型的有：变更申请审批表、风险评估资料、工艺危害分析报告表等。

（7）因外部因素影响，不能履行正常审批手续时，可口头申请，获得审批部门或主管的口头批准或授权后实施。

（五）变更结束

变更实施完成后，应对变更是否符合规定内容和结果进行验证，提交技术变更结项报告，并完成以下工作：

（1）所有与变更相关的工艺技术信息都已更新。

（2）规定了期限的变更，期满后应恢复从前状况。

（3）试验结果已记录在案。

（4）确认变更结果；保存变更实施过程中的相关资料。

第三章

钻井设备检维修作业能量隔离与上锁挂签

在钻井设备检维修过程中,上锁挂签是实现能量隔离、降低安全风险的有效手段,在实践中应用效果较好。设备检维修作业上锁挂签应根据不同作业内容、不同设备按照安全管理流程进行管理。本章介绍钻探企业检维修作业常见能量的隔离方案、上锁挂签的实施与管理,并梳理了钻探企业常见检维修作业的上锁挂签方案。

第一节 钻井设备检维修作业常见能量隔离方案

一、常见能量源种类及类型

常见能量源种类及类型见表 3-1。

表 3-1 常见能量源种类及类型

能量源	动能	势能
电能	电流可以引起转动或移动	电容或储存电荷的装置、电收尘器
机械能	转动的轴、齿轮、风扇;移动的输送设备、转子	张紧的弹簧、离合器、机械制动器
液压能	液压缸、发动机	液压缸内的油压、管线的液压
气压能	阀门、气压缸、空气炮	阀门、气压缸内、空气炮内的气压
蒸汽能	流动的蒸汽	截留的蒸汽,如蒸汽发生器的冷却水系统
化学能	流动的液体、气体	截留的液体、气体,如液体、气体分析系统内的截留物
重力能	坠落的物体	处于高处位置或偏离中心的状态,如通过制动停止的游车大钩
热能/放射能	流动的热料,如柴油机燃烧排放的烟气	高温表面、工作中柴油机的排气管、系统内被截留的煤料

二、能量隔离方法与类型

能量隔离:断开电力源、气体源头和液体源头等的隔离。

通常能量隔离方法有三种：上锁挂签、加盲板、拆除。

能量隔离类型有两种：机械隔离、电气隔离。

机械隔离：从动力源、气体源头和液体源头物理地断开。机械隔离特殊形式是双隔断和放卸、工艺流程隔离。主要用到的方法是管线拆卸隔离法和双隔断及插盲板法。

管线拆卸隔离法是将密闭空间的所有进口和出口管线拆除一段短管，以实现与潜在危险源的绝对分开。在拆除管线时物理断口应尽可能靠近容器一端，如果可能，将所有管线的开口端用正确规格的盲板法兰进行封闭，连接密闭空间的所有排放口（如果安装有的话）必须完全切断，并用盲板法兰封闭开口端，如图3-1所示。

图3-1 管线拆卸隔离法

双隔断及插盲板法是组合使用双隔断及排空，并插入盲板法兰，关闭管线上进出的两个控制阀，并放卸两阀之间的介质，以便插入盲板法兰从而实现绝对隔离，在隔离的过程中要用到合乎尺寸规格的盲板法兰，连接密闭容器的所有排放口必须完全切断并用盲板法兰封闭开口端，如图3-2所示。

图3-2 双隔断及插盲板法

双隔断和放卸：关闭管线上的两个隔断阀，并排空两个阀门之间管段内的介质，属机械隔离。

工艺流程隔离：将流体管线上的阀门关闭和上锁，它可能包括管线的卸压、冲洗以及排气等措施，属机械隔离。

电气隔离：将电路或设备部件从所有的输电源头安全可靠地分离开来。通常采用切断电气线路开关或者拆除连接线路的方法实现电气隔离，如图3-3对电气线路的开关进行隔离。

信号隔离：是以隔离及旁通的形式完成隔离，是电气隔离的特殊形式。

注意：通过机械、设备、工艺的操作控制装置（如开关按钮、紧急停止开关）无法实现有效的隔离。

 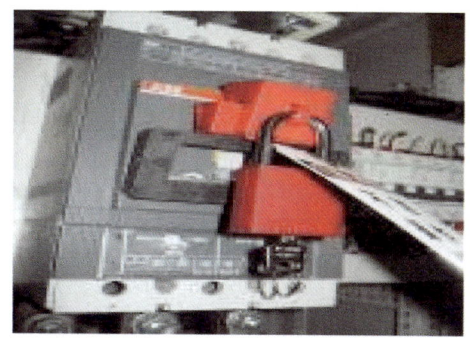

图 3—3　对电路开关进行隔离

第二节　钻井设备检维修作业上锁挂签

本节主要介绍钻探企业检维修现场上锁挂签的运行规范，并用图表形式梳理了现场常见检维修的上锁挂签部位及锁具。

一、上锁挂签管理

（一）目的

为强化能量与物料的隔离管理，防止危险能量和物料意外释放造成伤害。

（二）术语和定义

（1）危险能量：不加控制，可能造成人员伤害或财产损失的电、机械、水力、气动、化学、热或任何其他形式的能量。

（2）控制装置：使用手动、遥控、自动的方法（如启动按钮、应急按钮或停止按钮、选择开关或其他线路控制型装置）使系统状态改变的装置。

（3）隔离：将阀件、电器开关、蓄能配件等设定在合适的位置或借助特定的设施使设备不能运转或危险能量和物料不能释放。

（4）贮存能量：在设备隔离后能继续存在的能量，如包含在弹簧、飞轮、压力流体或气体、电容器或重物中的能量。

(5）隔离装置：防止危险能量和物料传递或释放的机械装置，如电路隔离开关、断开电源或保险开关、管道阀门、盲板、机械阻塞或用于阻塞、隔离能源的类似装置。

（6）安全锁：用来锁住隔离装置的器具。

（7）上锁设施：保证能够上锁的辅助设施。如：锁扣、阀门锁套、链条等。

（8）危险警示标签：标明何人、何时上锁及上锁的理由并置于安全锁或隔离点上的标签。

（9）试验/测试：验证系统或设备隔离的有效性（该验证应排除联锁装置或其他会妨碍验证有效性的因素）。

（三）运行规范

上锁挂签分为辨识、隔离、上锁挂签、确认、试验五个步骤。

1. 辨识

在隔离、上锁挂签前，应辨识所有危险能量和物料的来源及类型。需要控制的危险能量包括但不限于以下种类：

（1）电能：电流或电子流（如微电流、微电压等）。

（2）动能：运转的设备等。

（3）势能：压缩气体或加压液体（一个大气压以上）、真空、弹簧、张力杆、配重、高度变化等。

（4）化学能：危险化学品或化学反应等。

（5）热能：电热、冷却系统。

（6）辐射能：电离辐射、非电离辐射（激光、微波等）。

2. 隔离

根据辨识出的危险能量和物料及可能产生的危害，编制隔离方案，明确能量（物料）源、隔离方式、隔离点及上锁点清单。

（1）隔离或控制危险能量和物料的方式包括但不限于：

①断开电源或对电容器放电。

②隔离压力源或释放压力。

③停止转动设备并确保其不再转动。

④释放（容器、管线等）贮存的能量和物料。

⑤放低设备，确保其不因重力而移动。

⑥防止设备可能受外力的影响引起的移动。

(2) 选择与隔离方式相匹配的断开、隔离装置。隔离装置的选择应考虑以下内容：

①使用合适的方法去除和完全隔离危险能量或物料并确认，在不能完全确认的情况下，应进行测试。

②满足特殊需要的专用危险能量隔离装置（如盲板）。

③安装上锁装置的技术要求。

④设备上的按钮、选择开关和其他控制线路装置不能作为危险能量隔离装置。

⑤系统或设备包含贮存能量（如弹簧、飞轮、重力效应或电容器等）时，贮存的能量应被释放或使用组件阻塞。

⑥能量可能再聚集的装置（如有高电容量的长电缆），应使用有效方法防止其发生。

⑦在复杂或高能电力系统中，应考虑安装防护性接地。

⑧可移动的动力设备应用可靠的方法（如去除电池、电缆等）使其不能运转。

3. 上锁挂签

根据隔离方案，选择合适的锁具、填写警示标签，对隔离点上锁挂签。

（1）单人作业时由作业者本人根据隔离方案，领取合适的锁具、填写警示标签，对所有隔离点上锁挂签，并保管好钥匙。

（2）两人或两人以上共同作业时，由作业负责人根据隔离方案，领取合适的锁具、填写警示标签，对隔离点上锁挂签。

①单个隔离点使用锁钩上锁挂签，作业负责人、值班干部用个人锁将锁钩锁住，并各自保管好个人锁钥匙。

②多个隔离点对所有隔离点使用集体锁上锁挂签，将集体锁钥匙放入锁箱，作业负责人、值班干部用个人锁将锁箱锁住，并各自保管好个人锁钥匙。

（3）上锁挂签时应遵循以下要求：

①单人作业时上锁挂签应由作业者本人进行操作，两人或两人以上共同作业时，上锁挂签应由作业负责人进行操作，并保证安全锁和标签置于正确的位置上。特殊情形下，作业者本人上锁有困难时，应在本人目视下由隔离点属地主管代为上锁。

②上锁挂签人员应与隔离点属地主管及时沟通上锁挂签的动态。

③工作未完成交接班跨班作业时，应交接上锁挂签情况及锁具钥匙，整个工作期间应始终保持上锁挂签。

④使用安全锁时，应随锁附上"危险禁止操作"的警示标签，上锁必挂签。在无法上锁的情况下，可只挂警示标签，但应安排专人监护。

⑤作业人员怀疑隔离、上锁的有效性时，可要求隔离点属地主管或作业负责人对

隔离点进行测试。

4. 确认

上锁挂签后要确认危险能量和物料已被隔离或去除。如：观察压力表、视镜或液面指示器，目视确认组件已断开、转动设备已停止、开关与闸阀状态正确；对暴露于电气危险中的工作任务，应确认电源导线已断开，并测试无电压存在。

在开始工作前，参与作业的每一个人员都应确认上锁点正确，隔离、上锁挂签到位。

5. 试验

上锁挂签后，为确保危险能量或物料被有效隔离，上锁挂签人员应对设备进行试验，如再次确认不能启动、检查接地、检查压力、气体检测等。

（1）试验前，应清理该设备周围区域内的人员，确保危险区域无人。

（2）试验方法应考虑正常启动和非常规的运转方式。

（3）在进行试验时，应屏蔽可能会阻止设备启动或移动的限制条件（如联锁装置）。

（4）对存在电气危险的，断电后应实施验电或放电接地试验。

（5）对安装有测试按钮的设备，应在切断电源箱开关之前，先按测试按钮以确认按钮正常，切断电源箱开关，上锁后，再进行确认测试，以确保电源确实被切断。

（四）解锁

解锁分为正常解锁和非正常拆锁两种。上锁者本人进行的解锁为正常解锁；上锁者本人不在场或没有解锁钥匙时，需要移去安全锁和警示标签的解锁为非正常拆锁。

1. 正常解锁

作业完成后，作业人员确认设备、系统符合运行要求，个人上锁由本人亲自解锁，他人不得替代，集体锁应集合所有作业人员后解锁。

2. 非正常拆锁

当上锁挂签的人员不在现场或没有解锁钥匙时，基层单位负责人应授权专人解锁，在以下内容都被确认后方可解锁拆签：

（1）确知上锁的理由。

（2）确知目前工作状况。

（3）检查过相关设备。

（4）确知解除该锁及标签是安全的。

二、上锁挂签方式及部位

（一）钻井队上锁挂签作业内容

主要包括：检修绞车、钻井泵、柴油机、发电机、并车厢、联动机、变矩器（耦合器）、液气大钳、井控设备、固控设备、顶驱、电气设施、保养更换万向轴、清理循环罐等作业等。

（1）上锁挂签部位主要有电控柜开关、电（气）路控制开关、电源插头、管线接头、闸门等。

（2）能量释放、隔离方式有切断启动动力源、停动力源、释放悬重、卡大绳、储能器泄压、断电、电容放电、卸离合器进气管线、拔用电设备电源插头、气体置换吹扫等。

（3）上锁的方式包括但不限于以下几种：
①手柄离合器开关使用开关组锁具、档杆或锁鼻。
②按钮开关、驻车制动使用按键锁。
③电源插头、进气管线使用插头锁。
④电器控制开关使用断路器锁。
⑤闸门使用万用阀门锁、球阀锁、可调节闸阀锁。
⑥可用绳索锁定的使用万能缆锁。
⑦两人及以上人员共同上锁使用集体锁或锁钩。

（二）电气上锁的特殊要求

在有电气危害的场合，应确认所有电源得到控制，对可能进行的带电作业或在带电设备附近作业上锁时要采取附加的安全措施。电气上锁应遵循以下要点：

（1）上锁人员应具有识别危害和进行处理的能力。

（2）应将电气设备设施的上一级电源开关作为上锁点，控制设备的启动/停止开关不可作为上锁点。

（3）拔掉电源插头可视为有效隔离，并对插头上锁挂签。

（4）回路若是采用保险丝/继电器控制盘供电方式，无法上锁时，应装上假保险丝并加警示标签。

（5）若必须在裸露的电气导线或组件上工作时，上一级电气开关应由电气专业人员断开或目视确认开关已断开，若无法目视开关状态时，可以将保险丝拿掉或测电压或拆线来替代。

（6）具有远程控制功能的用电设备，不能仅依靠现场的启动按钮来测试确认电源是否断开，远程控制端必须置于"断开"状态并上锁挂签。

（7）作业前，应由专业人员检测确认导线或组件上不带电。

钻井现场上锁挂签清单见附录二。

第三节 钻井设备检维修作业常见锁具介绍

本节以图表形式将钻探企业常用的上锁挂签工具进行梳理，并给出实例，见表3-2。

表3-2 钻探企业钻井设备检维修常用的上锁挂签工具

锁具分类	锁具名称	锁具图例	锁具用途
安全挂牌及填写笔	安全吊牌		主要是填写上锁原因、目的和上锁人员
	安全吊牌		主要是填写上锁原因、目的和上锁人员
	PVC吊牌专用笔		用于书写安全吊牌内容

续表

锁具分类	锁具名称	锁具图例	锁具用途
安全挂锁	安全防尘挂锁		具有防尘功能，主要用于粉尘环境的设备上锁
	安全挂锁		主要用于搭扣、控制柜、工具箱、电气开关及闸阀锁具的上锁
安全挂锁	安全挂锁—铝挂锁		无火花型锁具，主要用于搭扣、控制柜、工具箱、电气开关及闸阀锁具的上锁
	安全缆绳挂锁		主要用于不规则搭扣、控制柜、工具箱、电气开关及闸阀锁具的上锁锁孔的上锁
	安全挂锁长梁钢制		主要用于大型的搭扣、控制柜、工具箱、电气开关及闸阀锁具的需要的长梁锁

续表

锁具分类	锁具名称	锁具图例	锁具用途
安全搭扣	防火花铝制搭扣锁		在防止产生火花环境下，需要多人共同上锁的锁具，主要用于搭扣、控制柜、工具箱、电气开关及闸阀锁具的上锁
	钢制钳口搭扣锁		具有钳口功能的多人共同上锁的锁具，主要用于搭扣、控制柜、工具箱、电气开关及闸阀锁具的上锁
	钢制搭扣锁		多人共同上锁的锁具，主要用于搭扣、控制柜、工具箱、电气开关及闸阀锁具的上锁
	钢制搭扣锁		多人共同上锁的锁具，主要用于搭扣、控制柜、工具箱、电气开关及闸阀锁具的上锁
	绝缘搭扣锁		具有绝缘功能的多人共同上锁的锁具，主要用于搭扣、控制柜、工具箱、电气开关及闸阀锁具的上锁

续表

锁具分类	锁具名称	锁具图例	锁具用途
安全搭扣	绝缘搭扣锁		具有绝缘功能的多人共同上锁的锁具，主要用于搭扣、控制柜、工具箱、电气开关及闸阀锁具的上锁
	绝缘搭扣锁		具有绝缘功能的多人共同上锁的锁具，主要用于搭扣、控制柜、工具箱、电气开关及闸阀锁具的上锁
	绝缘搭扣锁		具有绝缘功能的多人共同上锁的锁具，主要用于搭扣、控制柜、工具箱、电气开关及闸阀锁具的上锁
安全阀门锁	旋塞阀锁		适用于阀杆直径小于2.2cm的旋塞阀
	安全闸阀锁		专用于锁定手轮直径为25～450mm的闸阀

续表

锁具分类	锁具名称	锁具图例	锁具用途
安全阀门锁	标准球阀锁		适用于专用于锁定关闭状态下的直角转弯球阀
	标准球阀锁		适用于锁定关闭状态下的直角转弯球阀的上锁
	标准球阀锁		适用于可锁定双向转动的球阀的上锁
	标准球阀锁		适用于对阀杆直径：25~64mm 的阀门的手轮上锁
	双臂万用球阀锁具		适用于最大手柄宽度为 4cm（手柄最大厚度为 2.8cm）的各类闸阀、球阀、蝶阀等阀门的上锁

续表

锁具分类	锁具名称	锁具图例	锁具用途
安全阀门锁	单臂万用球阀锁具		适用于最大手柄宽度为4cm（手柄最大厚度为2.8cm）的各类闸阀、球阀、蝶阀等阀门的上锁
	蝶阀安全锁		适用于锁定手柄宽度为8～45mm的蝶阀上锁
	可调节法兰球阀锁		用于锁定阀门手柄拆卸后的法兰球阀进行上锁
	可调节球阀锁阀门锁		适用于5～20cm管道直径的球阀
	可调节闸阀锁		专用于锁定手轮直径为25～450mm的闸阀

续表

锁具分类	锁具名称	锁具图例	锁具用途
安全阀门锁	球阀安全锁具		可锁定双向转动的球阀。拥有辅助后挡部件，可锁定部分手柄加高加长的球阀
	万用闸阀锁		适用于最大手柄宽度为4cm（手柄最大厚度为2.8cm）的闸阀、球阀、蝶阀等阀门
工业电气锁	万用刀闸锁		适合对各类闸刀式开关进行上锁
	微型断路器锁		适合微型断路器上锁
	电气孔锁		适合对电气插孔进行上锁

续表

锁具分类	锁具名称	锁具图例	锁具用途
工业电气锁	电气气动插头锁		适合对各类插头进行上锁
	断路器锁		适合对中型及小型断路器上锁
	多功能断路器锁		适合对中型及小型断路器上锁
	多功能工业电气锁		适合多种电气开关的上锁
	多功能中小型断路器锁		适合对中型及小型断路器上锁

续表

锁具分类	锁具名称	锁具图例	锁具用途
工业电气锁	工业防水插头锁		适合对有防水需要的插头上锁
	工业防水插座锁		适合对有防水需要的插头上锁
	简易断路器锁		适合对中型的断路器开关进行上锁
	卡扣式断路器锁		适合对中型的断路器开关进行上锁
	控制面板锁具		适合对一些操作面板控制的设备进行上锁

续表

锁具分类	锁具名称	锁具图例	锁具用途
工业电气锁	插座安全盖		适合对插座进行上锁
	特大型断路器锁		适合对大型及特大型的断路器开关进行上锁
	特大型卡箍式断路器锁		适合对大型及特大型的断路器开关进行上锁
	特定电器锁		特定的电气开关锁具
	微型断路器锁（针脚向内）		适用于对微型断路器进行上锁

续表

锁具分类	锁具名称	锁具图例	锁具用途
工业电气锁	微型断路器锁（针脚向外）		适用于对微型断路器进行上锁
急停按键锁	急停锁锁具		紧急制动按钮、总离合器、总开关按钮30mm底座
	急停锁锁具		紧急制动按钮、总离合器、总开关按钮
	急停锁锁具		紧急制动按钮、总离合器、总开关按钮
	急停锁锁具		紧急制动按钮、总离合器、总开关按钮

续表

锁具分类	锁具名称	锁具图例	锁具用途
安全缆绳锁	轮式缆绳锁		具有优良的机械能和耐热性能。适合锁定较大型或连动式的闸阀手轮，同时也可以应用于配电盘和开关箱等
	万用自动伸缩缆绳锁		带自动回卷功能，多余的缆绳自动回卷收紧，隐藏于锁具内。适用于工业上的锁具设备
	握式缆绳锁		使用于锁定各种尺寸大小的阀门
	握式缆绳锁		带有自锁功能，自锁状态下挂锁，自锁机构有人机小凹槽，贴合手掌使用，更加流畅，凹面设计，使人收握住锁具时更加的舒适省力，可锁定各种尺寸大小的阀门
	鱼形缆锁		适合锁定较大型或连动式的闸阀手轮，同时也可以应用于配电盘和开关箱等

续表

锁具分类	锁具名称	锁具图例	锁具用途
安全缆绳锁	可调节钢缆绳锁		适用不同的场合可任意调节钢缆长度，可实现四把锁梁直径不大于 7mm 的安全挂锁上锁
	轮式缆绳锁		适合锁定较大型或连动式的闸阀手轮，同时也可以应用于配电盘和开关箱等
气动锁具	气源锁具—储罐锁		适用阀杆孔径不大于 3.2cm 阀门
	气瓶锁		用于锁定小型的储气罐
	气源锁具		防止气动设备意外地连接到加压的空气源

续表

锁具分类	锁具名称	锁具图例	锁具用途
气动锁具	气源锁具		防止气源接头与高压源重新连接
锁具管理工具	便携式共锁箱		为大型设备上锁所设计的钥匙储放装置
锁具管理工具	便携式锁具挂架		可实现多把锁随身携带
	一体式高级锁具工作站		对锁具、搭扣、吊牌、扎带等锁具进行日常安全管理

第四章

钻井设备常见检维修作业管理

钻探企业常见的设备可划归为以下八个系统：动力系统设备、传动系统设备、循环系统设备、起升系统设备、电控系统设备、固控系统设备、井控系统设备及辅助系统设备等。本章对这八种系统的主要设备的一项检维修作业管理进行了具体阐述。每种设备的检维修作业管理都以实例的形式从工作前的准备（方案的制订、能量的隔离、风险分析以及措施）、申报与审批（填写申请表、现场的验证、召开安全会、填写工作安全分析）、作业过程的实施、作业完成后的检查、启动前的检查等方面进行了详细规范的分析和研究。通过分析和研究可以使作业人员具体了解和学习检维修作业流程及其具体实施方法，有助于指导井队人员开展设备检维修作业。

第一节　钻井动力设备检维修作业管理

本节从 CAT3512B 不发电故障出发，根据其主要作业风险，将涉及的检查判断进行分步排查，提出主要管控措施与对策，为类似检维修作业风险规避提供参考。

一、故障情况描述

CAT3512B 机组怠速状态时转速为 1360rpm，柴油机工作状态未见异常，无任何故障代码，测量发电机母排电压只有 6V（AC）。柴油机高速运转后，机组速度很快上升到 1620rpm，测量母排电压依然是 6V（AC），发电机在整个运转过程中建压失效，机组速度控制失控。

二、确定维修方案

（1）检查 CAT 机组励磁回路是否存在开路的现象。
（2）检查 CAT 机主励磁转子的是否存在剩磁不足现象。

三、维修方案分级

钻井队依据《设备检维修分级管控清单》确定该项检维修作业为二级检维修作业。

四、申请

(1) 成立检维修小组。

(2) 工作安全分析。

按表 4-1 进行工作安全分析。

表 4-1　检修 CAT 机组工作安全分析

单位	××钻井队	工作任务简述		检修 CAT 发电机机组
作业负责人		作业人员		
JSA 小组成员		电气工程师、司机、副队长、大班司钻、安全员、设备办人员、司机长		
序号	工作步骤	可能危害	控制措施	控制人
1	断电、断气	触电	断开所有机组 ECM 电源和启动马达开关,并上锁挂签	作业人员
2	检查定子励磁绕组阻值	碰伤以及设备损伤	空间狭小,拆卸时,注意工作方式,防止机械伤人,同时注意小物件跌落到 600V 母排,造成爆炸;另外安装时对照图纸,防止接线错误,损坏励磁板	作业人员
3	检查变压器 T08 以及励磁板 PC11	碰伤以及设备损伤	拆卸时,注意工作方法,避免碰伤。测量和安装时注意严格按照图纸进行,防止损坏器件	作业人员
4	检查发电机组主励磁转子的剩磁	碰伤、设备损伤	两人相互配合取下物件,放置物件时正确放置,注意激磁时间以及接线方式,防止损坏设备	作业人员
5	测量旋转整流桥组件	碰伤、设备损伤	拆除机组护罩时,两人相互配合,防止坠落伤人,安装时注意接线正确	作业人员

(3) 人员分工。

人员分工见表 4-2。

表 4-2　人员分工

序号	岗位	姓名	相关资质	分工
1	电气工程师	×××	电工证	检修
2	司机	×××		配合电工
3	队长	×××		值班干部

(4) 填写检维修审批表。

按照《钻井队设备检维修分级管控清单》的要求，检修发电机组属于二级检维修作业。钻井队需要填写《设备检维修分级管控申请表》向项目部设备办提出申请，表4-3。

表4-3 设备检维修分级管控申请审批表

维修单位	×××	审批编号	×××	申请人	队长
维修地点	×××	维修人员	电气工程师	监护人	电工
设备名称	CAT机组	设备型号	CAT3412	修理时间	年 月 日
风险级别	二级	责任单位	×××	责任人	井队长
故障描述	CAT机组不发电				

维修方案：检查机组励磁回路

附件：□工作安全分析表 □启动前安全检查表 □作业许可票

	序号	检查项目	责任人	监护人
隔离与检查	1	对气源进行切断，并上锁挂签	×××	×××
	2	对电源进行切断，并上锁挂签	×××	×××
	3	对重力势能、电容、蓄能器等储存能量释放，并采取安全措施	×××	×××
	4	作业工况是否允许此项修理作业进行	×××	×××

	序号	风险内容及措施	检查确认 是√否×
风险以及措施审批	1	维修点附近是否有易燃易爆物，如有立即清理	√
	2	维修对象内是否有易燃易爆物，如有立即清理	√
	3	维修过程是否释放有毒有害气体并采取相应的措施	×
	4	维修中是否涉及动火、高空、临边、有限空间等作业，如有是否办理作业许可，并采取相关控制措施	√
	5	维修过程是否产生高温高热、意外能量释放，是否采取防烫伤、火灾等风险控制措施	√
	6	维修工具是否功能良好，满足使用要求，使用前必须进行功能试验	√
	7	维修中涉及一般变更以上管理的修理，是否按照变更管理七步法落实变更管理	×
	8	维修前是否与机房钻台相关负责人、作业人员员进行沟通	√

续表

	序号	风险内容及措施		检查确认 是√否×
风险以及措施审批	9	对容易滑跌、烫伤部位是否采取了防滑、防烫伤措施		√
	10	修理完毕是否进行启动前安全检查与相关功能测试		×
	我已检查确认,并严格落实以上风险控制相关措施		申请人签名:队长	
			年 月 日 时 分	
	我已到现场检查验证,作业人员劳保护具穿戴齐全,各项风险控制措施到位,并组织召开安全会议		审批人签字:设备办 监督员签字: 责任人签字:	
			年 月 日 时 分	
	维修期限: 月 日 时 分 — 月 日 时 分			
实施	本次修理作业已经完成,修理完毕,场地已清理干净,设备启动前进行了安全检查,并做功能测试,无异常现象		负责人签字:	
			年 月 日 时 分	

(5) 填写检维修隔离方案表。

按表 4-4 填写检维修隔离方案表。

表 4-4 隔离方案

维修单位	钻井队	编写人	副队长
作业区域	机房区	作业时间	
维修人员:×××			
作业内容:检修 CAT 机组			
隔离区域/设备:发电房、VFD 房			
能量源	危害	隔离方法	隔离点	上锁点及锁具
机械能	误启动、误挂合	☐关闭阀门 ☐断开管线 ☐切断电源 ☐切断气源 ☐切断并泄压 ☐其他	启动马达气源开关	万用阀门锁
电能	误启动、误挂合	☐关闭阀门 ☐断开管线 ☐切断电源 ☐切断气源 ☐切断并泄压 ☐其他	CAT 机组 ECM 电源开关	断路器锁

审批人:×××   年   月

（6）确定上锁挂签方案。

确定上锁挂签方案，见表4-5。

表4-5 上锁挂签

作业内容	上锁点及图示		上锁方式及图示		能量释放隔离	责任人
	上锁点	图示	上锁方式	图示		
检修CAT机组励磁回路	CAT机组ECM电源开关以及启动马达气源开关	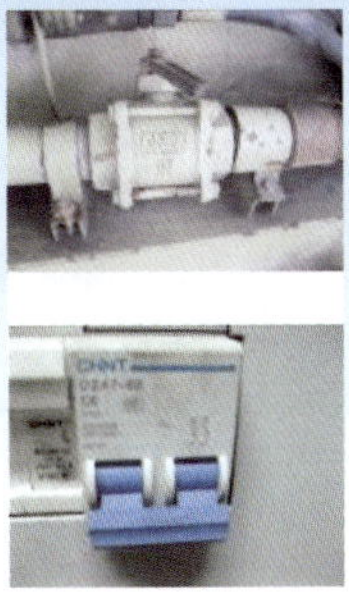	万用阀门锁断路器锁	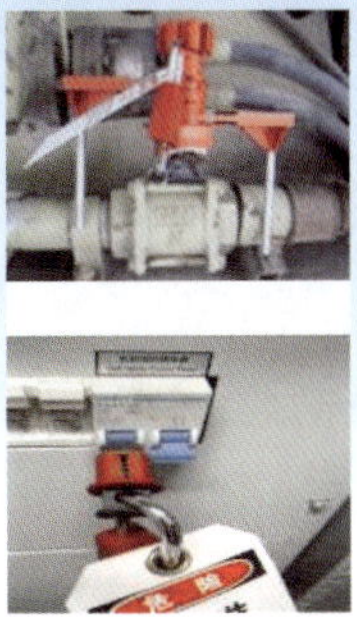	停动力源	电气工程师

五、审核

项目部设备办接到钻井队申报后，进行审查，确认后安排专人上井复查和指导检维修。

（1）审核现场检维修准备工作。

①工具准备情况：万用表1个，螺丝刀1把。

②审核隔离方案及上锁挂签。

（2）现场审核确认。

①上锁挂签是否落实。

②作业人员资质、能力。

③检查工具是否安全可靠。

④作业环境等是否符合要求。

⑤存在变更是否按照变更管理申报审批。

（3）组织召开安全会。

六、作业实施

检查励磁定子绕组阻值→检查变压器 T08 以及励磁板 PC11 →检查机组主励磁转子的是否存在剩磁不足现象→对照图纸恢复励磁回路，见图 4-1 至图 4-4。

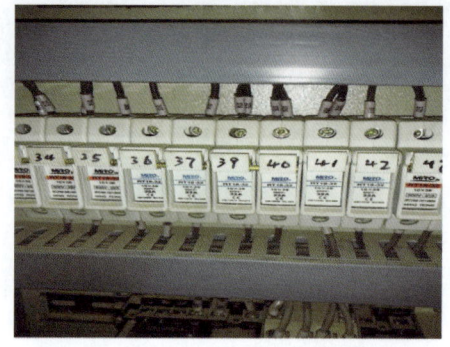

图 4-1　变压器电源保险 F39、F40

图 4-2　励磁板电源变压器 T08

图 4-3　AC 模块

图 4-4　励磁板 PC11

七、作业关闭

（1）解除能量隔离。

（2）回收工具，清理工作现场。

（3）启动前安全检查，启动前安全检查见表 4-6。

表4-6 启动前安全检查表

序号	检查项目	检查人	检查存在问题描述	必改项	缓改项
1	发电机F1，F4以及励磁板端子处电缆固定是否牢靠	电气工程师	无		
2	发电机组护罩固定是否牢靠	司机长	无		
3	怠速运行时，机组转速是否能正常恢复1000rpm，输出电压是否能很快上升到330V（AC）	电气工程师	无		
4	高速运行时，机组转速是否能正常恢复到1500rpm，输出电压是否为600V（AC）	电气工程师	无		
5	发电机组运行时，测量发电机组温度是否正常	司机长	无		

（4）检查各部位连接、紧固，试挂合验证。

（5）资料归档。资料归档流程如图4-5所示。

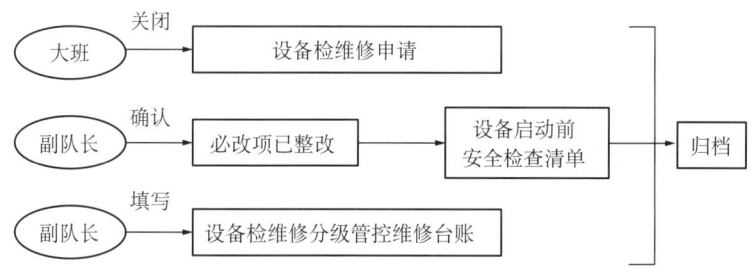

图4-5 资料归档流程

第二节　钻井传动系统设备检维修作业管理

并车箱是复合型传动钻机传动系统的核心部件，为实现钻机多台柴油机的并车传动功能，并车传动箱为整体式，通过链条传动并车来集中柴油机的动力，驱动绞车和钻井泵，本节以常见并车厢故障为例，为类似检维修作业管理提供参考。

一、故障情况描述

并车传动厢运转过程中有异响,检查发现并车链条松弛、被拉长,影响使用。

二、确定维修方案

钻井队大班向值班干部汇报后,确定更换被拉长的链条。

三、维修方案分级

钻井队依据《设备检维修分级管控清单》确定该项检维修作业为三级检维修作业。

四、申请

(1)成立检维修小组。
(2)工作安全分析。见表4-7。

表4-7 工作安全分析

单位	××钻井队	工作任务简述	更换并车厢链条	
作业负责人		作业人员		需要的特种作业人员资质
序号	工作步骤	危害描述	危害控制措施	责任人(岗位)
1	停动力,打开传动箱盖板	机械伤害(误挂合)工具打滑	1.停车、断气、上锁挂签、专人监护 2.使用专用工具,人员正确站位	×××
2	拆换新旧链条	物体打击 钢丝绳夹手	1.砸链条销子时戴好护目镜,不得站在榔头的运行方向 2.接链器位置放稳,手不要放在钢丝绳和链条之间	×××
3	上紧盖板,回收工具,试运行	滑跌 设备损坏	1.清理脚底下湿滑物,铺垫毛毡或草袋子 2.清点回收作业工具,清理杂物,检查更换的新链条安装到位 3.专人指挥,平稳挂合设备,有异常时及时停掉设备	×××

(3) 人员分工。见表4-8。

表4-8 人员分工

序号	岗位	姓名	相关资质	分工
1	大班司钻	×××		安装
2	司钻	×××		配合大班安装
3	副队长	×××		值班干部

(4) 填写检维修审批表。见表4-9。

表4-9 设备检维修分级管控申请审批表

维修单位	×××	审批编号	×××	申请人	大班
维修地点	×××	维修人员	×××、×××	监护人	副队长
设备名称	并车传动厢	设备型号		修理时间	年月日
风险级别	三级	责任单位	钻井队	责任人	副队长
故障描述	有异响,检查发现并车链条松弛、被拉长				
维修方案:更换被拉长的链条					
附件:√工作安全分析表√启动前安全检查表√作业许可票					

	序号	检查项目	责任人签字	监护人签字
隔离与检查	1	对气源进行切断,并上锁挂签	×××	×××
	2	对动力源进行切断,并上锁挂签	×××	×××
	3	对重力势能等储存能量释放,并采取安全措施	×××	×××
	4	作业工况是否允许此项修理作业进行	×××	×××
	序号	风险内容及措施		检查确认 是√否×
风险分析及措施	1	维修点附近是否有易燃易爆物,如有立即清理		√
	2	维修对象内是否有易燃易爆物,如有立即清理		√
	3	维修过程是否释放有毒有害气体并采取相应的措施		√
	4	维修中是否涉及动火、高空、临边、有限空间等作业,如有是否办理作业许可,并采取相关控制措施		×
	5	维修过程是否产生高温高热、意外能量释放,是否采取防烫伤、火灾等风险控制措施		√
	6	维修工具是否功能良好,满足使用要求,使用前必须进行功能试验		√
	7	维修中涉及一般变更以上管理的修理,是否按照变更管理七步法落实变更管理		×
	8	维修前是否与机房钻台相关负责人、作业人员员进行沟通		√
	9	对容易滑跌,烫伤部位是否采取了防滑、防烫伤措施		√
	10	修理完毕是否进行启动前安全检查与相关功能测试		×

续表

审批	我已检查确认,并严格落实以上风险控制相关措施	申请人签名:××× 　　　　　　年　月　日　时　分
	我已到现场检查验证,作业人员劳保护具穿戴齐全,各项风险控制措施到位,并组织召开安全会议	审批人签字:队长 监督员签字:××× 责任人签字:副队长 　　　　　　年　月　日　时　分
	维修期限: 　　月　日　时　分－　月　日　时　分	
实施	本次修理作业已经完成,修理完毕,场地已清理干净,设备启动前进行了安全检查,并做功能测试,无异常现象	负责人签字: 　　　　　　年　月　日　时　分

(5) 填写检维修隔离方案表。见表4-10。

表4-10 隔离方案

维修单位	钻井队	编写人	副队长
作业区域	机房区	作业时间	

维修人员:×××

作业内容:更换被拉长的链条

隔离区域/设备:机房区/柴油机、并车传动厢

能量源	危害	隔离方法	隔离点	上锁点及锁具
气源	误启动、误挂合	□关闭阀门 □断开管线 □切断电源 □切断气源 □切断并泄压 □其他	并车厢离合器开关	万能缆锁
机械能	误启动、误挂合	□关闭阀门 □断开管线 □切断电源 □切断气源 □切断并泄压 □其他	柴油机气动马达	万用闸门锁

审批人:×××　　　　　　　　　　　　　　　年　月

(6) 确定上锁挂签方案。见表 4-11。

表 4-11 上锁挂签

序号	作业内容	上锁点及图示		上锁方式及图示		能量释放隔离	责任人
		上锁点	图示	上锁方式	图示		
1	拆卸并车传动厢挂挡拨叉轴	并车厢离合器开关、柴油机气动马达	 	万能缆锁 万用阀门锁	 	停动力源	司机长

五、审核

(1) 审核现场检维修准备工作。

①工具准备情况：接链器 1 个，榔头 1 把，撬杠 1 把，手钳子 1 个。

②审核隔离方案及上锁挂签。

(2) 现场审核确认。现场检查验证，作业人员劳保护具穿戴齐全，各项风险控制措施到位。

(3) 组织召开安全会。

六、作业实施

打开传动箱盖板→拆换新旧链条→上紧盖板。

七、作业关闭

(1) 解除能量隔离。

(2) 回收工具，清理工作现场。

(3) 启动前安全检查。启动前安全检查见表 4-12。

表 4-12　并车传动厢检维修启动前检查表

序号	检查项目	检查人	检查存在问题描述	必改项	缓改项
1	检查并车厢机油量	机械工长	无		
2	检查各连接紧固	机械工长	无		
3	检查链条安装	机械工长	无		

（4）检查各部位润滑、连接、紧固，试挂合并车轴验证。

（5）资料归档。资料归档流程见图 4-6。

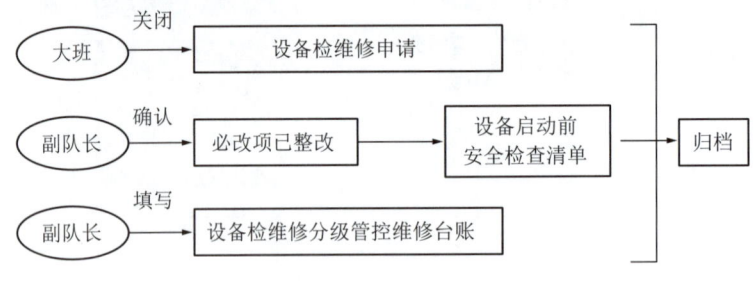

图 4-6　资料归档流程

第三节　钻井循环系统设备检维修作业管理

钻机循环系统主要包括钻井泵、高压管汇、水龙带、水龙头等设备。其中，钻井泵是循环系统的心脏，用以在高压下向井底输送液体，以便冷却钻头和携带出岩屑，同时作为井底动力钻具的动力液。钻井泵的检维修在钻井日常生产中占了很大的比重，主要存在的风险包括机械伤害、高压刺漏等。曾经发生过远程启动钻井泵，造成维修人员重大伤害的事故。下面以更换钻井泵十字头上、下导板为例，阐述钻井泵检维修作业的管控工作。

一、故障情况描述

钻井泵在例行检查过程中发现导板有拉槽。

二、确定维修方案

项目部接到井队报修申报后,与机修公司沟通,确定现场更换十字头上、下导板。

三、维修方案分级

钻井队依据《设备检维修分级管控清单》确定该项检维修作业为二级检维修作业。

四、申请

(1) 成立检维修小组。
(2) 工作安全分析。见表4-13。

表4-13 工作安全分析

工作安全分析表				
日期: 年 月 日			编号:×××	
单位:×××钻井队			工作任务:更换十字头上、下导板	
小组成员		×××,×××		
序号	工作步骤	危害(可能发生的事故)	控制措施、补救措施	措施控制人
1	停动力断开关	机械伤害	上锁挂签,专人监护	×××
2	拆卸拉杆卡子油封、盖板、中心拉杆、活塞、缸套	物体打击、人员碰伤	1. 使用盘泵专用工具。 2. 专人监护,严禁站在拉杆箱内	×××
3	拆卸中心拉杆、活塞、缸套	物体打击、碰伤、夹伤	1. 拆卸中心拉杆时先使用倒链吊平后在拆卸螺栓。 2. 从拉杆箱取出时,人员注意站位,手脚不要放在拉杆下方	×××
4	拆卸、安装十字头导板	物体打击及机械伤害	1. 拆卸螺栓时正确使用扳手,防止打滑伤人。 2. 吊车专人指挥,执行十不吊。 3. 使用撬杠时人员不要正对撬杠	×××
5	盘泵安装中心拉杆及拉杆卡子	物体打击、碰伤、夹伤	1. 使用盘泵专用工具。 2. 专人监护,严禁站在拉杆箱内	×××
6	回收工具、清理现场	设备损坏、环境污染	1. 清点回收工具及附件。 2. 清理现场油污,佩戴防护手套	×××

(3)人员分工。见表4-14。

表4-14 人员分工

序号	岗位	姓名	相关资质	分工
1	机修工	×××		检修
2	大班司钻	×××		配合作业
3	副队长	×××		值班干部

(4)填写检维修审批表。

按照《钻井队设备检维修分级管控清单》的要求,现场更换十字头上、下导板属于二级检维修作业。钻井队需要填写《设备检维修分级管控申请表》向项目部设备办提出申请。见表4-15。

表4-15 设备检维修分级管控申请审批表

维修单位	×××钻井队	审批编号	×××	申请人	队长
维修地点	×××	维修人员	机修工	监护人	机械工长
设备名称	钻井泵	设备型号		修理时间	年 月 日
风险级别	二级	责任单位	×××钻井队	责任人	队长
故障描述	滑板有拉槽				
维修方案:更换十字头上、下导板					
附件:□工作安全分析表 □启动前安全检查表 □作业许可票					
隔离与检查	序号	检查项目		责任人	监护人
	1	对气源进行切断,并上锁挂签		×××	×××
	2	对电源进行切断,并上锁挂签		×××	×××
	3	对重力势能、电容、蓄能器等储存能量释放,并采取安全措施		×××	×××
	4	作业工况是否允许此项修理作业进行		×××	×××
风险以及措施审批	序号	风险内容及措施		检查确认 是√否×	
	1	维修点附近是否有易燃易爆物,如有立即清理		√	

续表

风险以及措施审批	2	维修对象内是否有易燃易爆物,如有立即清理	√
	3	维修过程是否释放有毒有害气体并采取相应的措施	×
	4	维修中是否涉及动火、高空、临边、有限空间等作业,如有是否办理作业许可,并采取相关控制措施	×
	5	维修过程是否产生高温高热、意外能量释放,是否采取防烫伤、火灾等风险控制措施	√
	6	维修工具是否功能良好,满足使用要求,使用前必须进行功能试验	√
	7	维修中涉及一般变更以上管理的修理,是否按照变更管理七步法落实变更管理	×
	8	维修前是否与机房钻台相关负责人、作业人员进行沟通	√
	9	对容易滑跌,烫伤部位是否采取了防滑、防烫伤措施	√
	10	修理完毕是否进行启动前安全检查与相关功能测试	×
	我已检查确认,并严格落实以上风险控制相关措施		申请人签名:队长 年　月　日　时　分
	我已到现场检查验证,作业人员劳保护具穿戴齐全,各项风险控制措施到位,并组织召开安全会议		审批人签字:设备办 监督员签字: 责任人签字:
	维修期限:　　月　日　时　分 -　　月　日　时　分		年　月　日　时　分
实施	本次修理作业已经完成,修理完毕,场地已清理干净,设备启动前进行了安全检查,并做功能测试,无异常现象		负责人签字: 年　月　日　时　分

(5) 填写检维修隔离方案表。见表4-16。

表4-16　隔离方案

维修单位	钻井队	编写人	队长
作业区域	泵房	作业时间	

维修人员:×××

作业内容:更换十字头上、下导板

隔离区域/设备:钻井泵、高压闸门组

续表

能量源	危害	隔离方法	隔离点	上锁点及锁具
机械能	误启动、误挂合	□关闭阀门 □断开管线 □切断电源 □切断气源 □切断并泄压 □其他	离合器气源	插头锁
高压液能	倒流能量控制	□关闭阀门 □断开管线 □切断电源 □切断气源 □切断并泄压 □其他	高压闸门组	万能缆锁

审批人：×××　　　　　　　　　　年　　月

（6）确定上锁挂签方案。见表4-17。

表4-17　上锁挂签

作业内容	上锁点及图示		上锁方式及图示		能量释放隔离	责任人
	上锁点	图示	上锁方式	图示		
更换十字头上、下导板	离合器气源接头和高压闸门组		插头锁万能缆锁		停动力源	大班司钻

五、审核

项目部设备办接到钻井队申报后，进行审查，确认后安排专人上井复查和指导检维修。

（1）审核现场检维修准备工作：

①工具准备情况：榔头、活动扳手、六方扳手、手钳子、塞尺、撬杠。

②审核隔离方案及上锁挂签。

（2）现场审核确认：

①上锁挂签是否落实。

②作业人员资质、能力。

③检查工具是否安全可靠。

④作业环境等是否符合要求。

⑤存在变更是否按照变更管理申报审批。

（3）组织召开安全会。

六、作业实施

拆卸油封盖板、中心拉杆、活塞、缸套→拆卸旧导板→更换新导板→安装油封盖板、中心拉杆、活塞、缸套→找正。如图4-7至图4-10所示。

图4-7 拆卸盖板

图4-8 拆卸旧导板

图4-9 更换新导板

图4-10 找正十字头

七、作业关闭

(1) 解除能量隔离。

(2) 回收工具,清理工作现场。

(3) 启动前安全检查。见表 4-18。

表 4-18　启动前安全检查表

序号	检查项目	检查人	检查存在问题描述	必改项	缓改项
1	检查导板、十字头、中心拉杆等固定是否牢固	大班司钻	无		
2	检查作业现场是否清理	副队长	无		
3	检查油量	大班司钻	无		
4	能量隔离是否去除	大班司钻	无		

(4) 检查各部位润滑、连接、紧固,手动盘泵检查验证。

(5) 资料归档。资料归档流程见图 4-11。

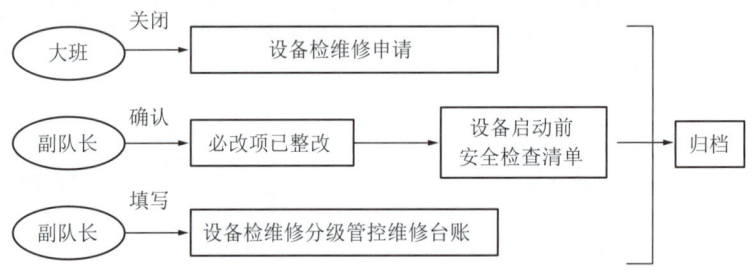

图 4-11　资料归档流程

第四节　钻井提升系统设备检维修作业管理

提升系统是石油钻机系统的重要组成部分,其检维修作业风险也是较大的。落实好钻机起升系统的检维修作业管理,可以保障设备检维修作业安全,提高设备、人员的安全风险系数,其重要性可见一斑。本节以常见绞车故障为例,说明钻井提升系统设备的检维修作业管理。

一、故障情况描述

机械工长在完井例行检查时发现绞车刹带磨损超标。

二、确定维修方案

钻井队大班向值班干部汇报后，确定更换刹带。

三、维修方案分级

钻井队依据《设备检维修分级管控清单》确定该项检维修作业为三级检维修作业。

四、申请

（1）成立检维修小组，安排人员分工，责任到人。
（2）工作安全分析。工作安全分析见表4-19。

表4-19　工作安全分析

工作安全分析表					
日期：　年　月　日				编号：	
单位：×××钻井队				工作任务：更换刹带	
小组成员		×××，×××，×××，×××			
序号	工作步骤	危害（可能发生的事故）	可能伤及到的人或物	控制措施、补救措施	措施控制人
1	停动力、上锁挂签，固定滚筒大绳	机械伤害	维修人员 ×××	上锁挂签，专人监护，选择合适的钢丝绳卡牢	×××
2	拆护罩及刹带销轴	物体打击、人员碰伤	维修人员 ×××	人员站在护罩两侧，使用小绞车提护罩。使用完工具及时存放在安全区域	×××
3	拆下刹带及安装刹带	物体打击、碰伤、夹伤	维修人员 ×××	更换刹带时防止夹伤手指，正确使用手工具	×××
4	调试及安装护罩	物体打击及机械伤害	维修人员 ×××	调试前及时清理油污，调试时无关人员撤离危险区域，安装护罩时人员与小绞车配合好	×××

(3)人员分工。人员分工见表 4—20。

表 4—20 人员分工

序号	岗位	姓名	相关资质	分工
1	机械工长	×××		安装
2	司钻	×××		配合大班安装
3	副队长	×××		值班干部

(4)填写检维修审批表。见表 4—21。

表 4—21 设备检维修分级管控申请审批表

维修单位	×××	审批编号	×××	申请人	大班
维修地点	×××	维修人员	×××、×××	监护人	副队长
设备名称	并车传动厢	设备型号	CT-40	修理时间	年月日
风险级别	三级	责任单位	钻井队	责任人	副队长
故障描述	刹带磨损超标				
维修方案:更换刹带					
附件:√工作安全分析表√启动前安全检查表√作业许可票					

	序号	检查项目	责任人签字	监护人签字
隔离与检查	1	对气源进行切断,并上锁挂签	×××	×××
	2	对动力源进行切断,并上锁挂签	×××	×××
	3	对重力势能、等储存能量释放,并采取安全措施	×××	×××
	4	作业工况是否允许此项修理作业进行	×××	×××

	序号	风险内容及措施	检查确认 是√否×
风险分析及措施	1	维修点附近是否有易燃易爆物,如有立即清理	√
	2	维修对象内是否有易燃易爆物,如有立即清理	√
	3	维修过程是否释放有毒有害气体并采取相应的措施	×
	4	维修中是否涉及动火、高空、临边、有限空间等作业,如有是否办理作业许可,并采取相关控制措施	×
	5	维修过程是否产生高温高热、意外能量释放,是否采取防烫伤、火灾等风险控制措施	√
	6	维修工具是否功能良好,满足使用要求,使用前必须进行功能试验	√

续表

风险分析及措施	7	维修中涉及一般变更以上管理的修理，是否按照变更管理七步法落实变更管理	×
	8	维修前是否与机房钻台相关负责人、作业人员员进行沟通	√
	9	对容易滑跌，烫伤部位是否采取了防滑、防烫伤措施	√
	10	修理完毕是否进行启动前安全检查与相关功能测试	×
审批	我已检查确认，并严格落实以上风险控制相关措施		申请人签名：××× 年　月　日　时　分
	我已到现场检查验证，作业人员劳保护具穿戴齐全，各项风险控制措施到位，并组织召开安全会议		审批人签字：队长 监督员签字：×××
	维修期限： 　月　日　时　分－　月　日　时　分		责任人签字：副队长 年　月　日　时　分
实施	本次修理作业已经完成，修理完毕，场地已清理干净，设备启动前进行了安全检查，并做功能测试，无异常现象		负责人签字： 年　月　日　时　分

（5）填写检维修隔离方案表。见表4-22。

表4-22　隔离方案

维修单位	钻井队	编写人	副队长
作业区域	钻台区	作业时间	

维修人员：×××、×××

作业内容：更换刹带

隔离区域/设备：绞车

能量源	危害	隔离方法	隔离点	上锁点及锁具
气源	误启动、误挂合	□关闭阀门 □断开管线	控制开关	安全锁
气源	误启动、误挂合	□切断电源 □切断气源 □切断并泄压 □其他	控制开关	安全锁
机械能	下砸	□关闭阀门 □断开管线 □切断电源 □切断气源 □切断并泄压 □其他	绞车滚筒	绳卡

审批人：×××　　　　　　　　　　　年　月

(6) 确定上锁挂签方案。见表 4–23。

表 4–23 上锁挂签

作业内容	上锁点及图示		上锁方式及图示		能量释放隔离	责任人
	上锁点	图示	上锁方式	图示		
拆卸并车传动厢挂挡拨叉轴	总离合器开关，绞车传动离合器气管线		安全锁		停动力源游车放至低位固定，释放悬重，卡大绳，卸离合器进气管线	机械工长
			闸阀锁			

五、审核

（1）审核现场检维修准备工作。

①工具准备情况：榔头、撬杠、活动扳手、刹带调节扳手、4 分绳套、牵引绳。

②审核隔离方案及上锁挂签。

（2）现场审核确认：现场检查验证，作业人员劳保护具穿戴齐全，各项风险控制措施到位。

（3）组织召开安全会。

六、作业实施

拆卸护罩→拆卸销子及拖轮→取出旧刹带→安装新刹带→安装销子及拖轮→调节刹带→安装护罩。如图 4–12 至图 4–15 所示。

图 4–12 拆卸销子与托轮图

图 4–13 取出滚筒刹带

图 4-14　安装新刹带　　　　　图 4-15　调节刹带

七、作业关闭

（1）解除能量隔离。

（2）回收工具，清理工作现场。

（3）启动前安全检查。见表 4-24。

表 4-24　启动前安全检查表

序号	检查项目	检查人	检查存在问题描述	必改项	缓改项
1	外观、润滑检查	机械工长	无		
2	各连接部位固定是否牢靠	机械工长	无		
3	气路连接情况	机械工长	无		
4	控制电路连接情况	电工	无		
5	各离合器进气	机械工长	无		
6	刹车动作	机械工长	无		

（4）检查各部位润滑、连接、紧固，试挂合并车轴验证。

（5）资料归档。资料归档流程如图 4-16 所示。

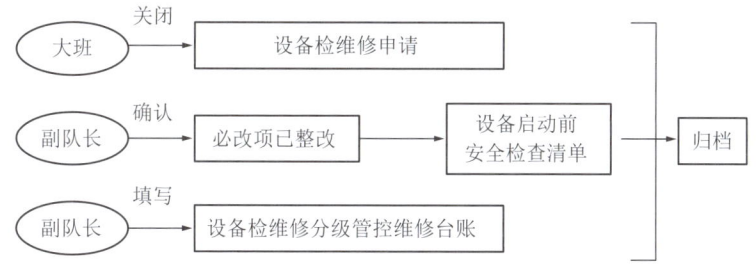

图 4-16　资料归档流程

第五节　钻井电气控制系统设备检维修作业管理

石油井场电气装置及电气设备的组合统称为钻井电气控制系统。钻井电气控制系统设备的检维修，主要包含维修电气装置、电气设备、更换电机、更换零部件、更换开关启动器等。下面以现场检修转盘控制系统为例，叙述检维修过程。

一、故障情况描述

启动转盘时变频柜不工作。

二、确定维修方案

钻井队大班向值班干部汇报后，初步判断是整流板的问题。

三、维修方案分级

钻井队依据《设备检维修分级管控清单》确定该项检维修作业为二级检维修作业。

四、申请

（1）成立检维修小组。
（2）工作安全分析。工作安全分析见表 4-25。

表 4-25　工作安全分析

单位	××钻井队	工作任务简述	转盘控制系统检维修	
作业负责人		作业人员	需要的特种作业人员资质	电工证
序号	工作步骤	危害描述	危害控制措施	责任人（岗位）
1	检查电机	设备带电触电风险	对变频器电源柜开关上锁，专人监护	×××

续表

序号	工作步骤	危害描述	危害控制措施	责任人（岗位）
2	检查控制线和通信线	误挂合，触电伤人	对综合柜220V电源进行上锁，并验电，专人监护	×××
3	检查司控房	操作失误，触电伤人	司控房胶皮完好，戴好绝缘手套，检测有专业人员进行	×××
4	检查综合柜	操作失误，触电伤人	VFD房胶皮完好，戴好绝缘手套，检测有专业人员进行	×××
5	检查变频器	电容组放电，伤人	禁止检维修人员、监控人员以外人员进入VFD房	×××
6	维修更换	误挂合，触电伤人	各项检测由厂家服务人员执行，项目部现场人员监控	×××

（3）人员分工。见表4-26。

表4-26 人员分工

序号	岗位	姓名	相关资质	分工
1	电气工程师	×××	电工证	检修
2	大班司机	×××		配合电气工程师
3	副队长	×××		值班干部

（4）填写检维修审批表。见表4-27。

表4-27 设备检维修分级管控申请审批表

维修单位	×××	审批编号	×××	申请人	电气工程师
维修地点	×××	维修人员	×××、×××	监护人	大班司机
设备名称	变频柜	设备型号		修理时间	年月日
风险级别	二级	责任单位	钻井队	责任人	副队长
故障描述	变频柜不工作				

维修方案：检查转盘电控系统

附件：√工作安全分析表√启动前安全检查表√作业许可票

	序号	检查项目	责任人签字	监护人签字
隔离与检查	1	对气源进行切断，并上锁挂签	×××	×××
	2	对动力源进行切断，并上锁挂签	×××	×××
	3	对重力势能、等储存能量释放，并采取安全措施	×××	×××
	4	作业工况是否允许此项修理作业进行	×××	×××

续表

	序号	风险内容及措施	检查确认 是√否×
风险分析及措施	1	维修点附近是否有易燃易爆物，如有立即清理	√
	2	维修对象内是否有易燃易爆物，如有立即清理	√
	3	维修过程是否释放有毒有害气体并采取相应的措施	×
	4	维修中是否涉及动火、高空、临边、有限空间等作业，如有是否办理作业许可，并采取相关控制措施	×
	5	维修过程是否产生高温高热、意外能量释放，是否采取防烫伤、火灾等风险控制措施	√
	6	维修工具是否功能良好，满足使用要求，使用前必须进行功能试验	√
	7	维修中涉及一般变更以上管理的修理，是否按照变更管理七步法落实变更管理	√
	8	维修前是否与机房钻台相关负责人、作业人员员进行沟通	√
	9	对容易滑跌，烫伤部位是否采取了防滑、防烫伤措施	×
	10	修理完毕是否进行启动前安全检查与相关功能测试	×
审批	我已检查确认，并严格落实以上风险控制相关措施		申请人签名：电气工程师 　　年　月　日　时　分
	我到现场检查验证，作业人员劳保护具穿戴齐全，各项风险控制措施到位，并组织召开安全会议		审批人签字：项目部人员 监督员签字：××× 责任人签字：副队长 　　年　月　日　时　分
	维修期限： 　　月　日　时　分 - 　月　日　时　分		
实施	本次修理作业已经完成，修理完毕，场地已清理干净，设备启动前进行了安全检查，并做功能测试，无异常现象		负责人签字： 　　年　月　日　时　分

（5）填写检维修隔离方案表。见表4-28。

表4-28　隔离方案

维修单位	钻井队	编写人	副队长
作业区域	机房区	作业时间	

维修人员：×××，×××

作业内容：检查转盘电控系统

隔离区域/设备：VFD房

续表

能量源	危害	隔离方法	隔离点	上锁点及锁具
电能	误启动、误挂合	☐关闭阀门 ☐断开管线 ☐切断电源 ☐切断气源 ☐切断并泄压 ☐其他	电控柜开关	断路器锁

审批人：×××　　　　　　　　　　　年　　月

（6）确定上锁挂签方案。见表4—29。

表4—29　上锁挂签

作业内容	上锁点及图示		上锁方式及图示		能量释放隔离	责任人
	上锁点	图示	上锁方式	图示		
检修转盘电控系统	电控房供电开关	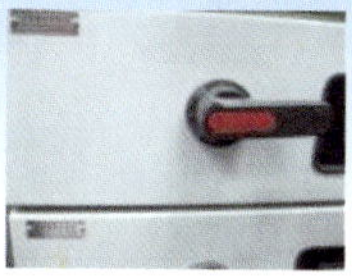	断路器锁		停动力源	电气工程师

五、审核

（1）审核现场检维修准备工作。

①工具准备情况：万用表、活动扳手、起子、手电筒、尖嘴钳、手钳子、六方扳手1套。

②审核隔离方案及上锁挂签。

（2）现场审核确认：现场检查验证，作业人员劳保护具穿戴齐全，各项风险控制措施到位。

（3）组织召开安全会。

六、作业实施

检查转盘电机，电机是否绝缘，风压开关是否完好→检查控制线和通信线是否完好→检查司控房控制设备，转速手轮、模式开关、通信模块、继电器是否完好→检查综合柜，24V电源、220V电源、继电器、PLC是否完好→检查转盘变频器，CUVC板、通信板、触发板、电源板、光纤板、可控硅，IGBBT 是否完好→修复（更换 CBP2 板）→工具、材料回收。

七、作业关闭

（1）解除能量隔离。

（2）回收工具，清理工作现场。

（3）启动前安全检查。见表 4-30。

表 4-30　转盘启动前检查表

序号	检查项目	检查人	检查存在问题描述	必改项	缓改项
1	变频柜内是否有杂物遗留	电气工程师	无		
2	各线路是否连接可靠	电气工程师	无		
3	通信线缆插头开关是否处于工作位置	电气工程师	无		
4	司控房转盘扭矩旋钮电位器是否在关位	电气工程师	无		
5	转盘电机风机电源是否供电	电气工程师	无		
6	风机挡位是否在"自动"挡	电气工程师	无		
7	转盘电机正反转开关是否在中位	电气工程师	无		
8	转盘机械锁是否打开	机械工长	无		
9	转盘惯刹是否打开	机械工长	无		
10	转盘面是否放有工具	机械工长	无		

（4）试运转验证。

（5）资料归档。资料归档流程如图 4-17 所示。

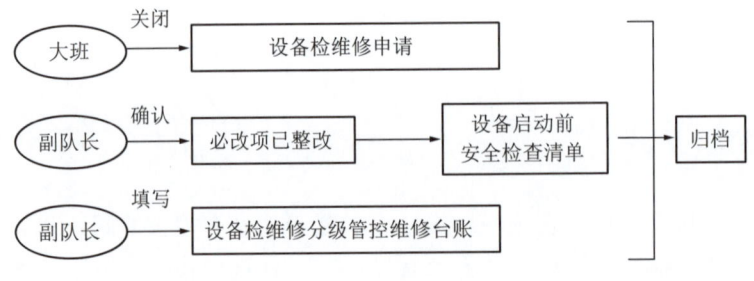

图 4-17　资料归档流程

第六节　井控设备设施检维修作业管理

防喷器控制装置是井控设备重要组成部分之一，用于远程操作控制防喷器的开关，一旦发生失效后果十分严重，下面就防喷器控制装置储能器胶囊损坏情况进行维修分析：

一、故障情况描述

储能器压力在 0MPa ～ 7MPa 时缓慢上升，在 7MPa ～ 10MPa 时缓慢下降。

二、确定维修方案

钻井队向项目部设备办汇报后，判断可能是储能器胶囊破损，协调专业厂家上井检维修。

三、维修方案分级

项目部收到钻井队汇报后，依据《设备检维修分级管控清单》确定该项检维修作业为二检维修作业。

四、申请

（1）成立检维修小组。
（2）工作安全分析。工作安全分析见表 4–31。

表 4–31　工作安全分析表

单位	×××钻井队	工作内容	更换防喷器远程控制装置胶囊	检查日期	年　月　日
作业负责人	×××	作业人员	×××、×××、×××、×××	需要的特种人员资质	井控证
序号	工作步骤		危害描述	危害控制措施	责任人
1	断动力，上锁挂签		误操作伤人	专人进行操作	×××
2	更换胶囊		工具使用不当伤人	正确使用手工具，人员配合好	×××

续表

3	补充氮气	工具使用不当伤人	正确使用手工具，人员配合好	×××
4	试运转	误操作伤人	专人进行操作	×××
5	清理作业现场	人员配合不当伤人	人员之间配合好	×××

（3）人员分工。见表4–32。

表4–32 人员分工表

序号	岗位	姓名	相关资质	分工
1	机械工长	×××	井控证	更换胶囊
2	大班司钻	×××	井控证	配合安装
3	司机长	×××		配合安装
4	副队长	×××	井控证	值班干部

（4）填写检维修审批表。见表4–33。

表4–33 设备检维修分级管控申请审批表

维修单位	×××	审批编号	×××	申请人	机械工长
维修地点	×××	维修人员	×××、×××	监护人	副队长
设备名称	防喷器远程控制装置	设备型号		修理时间	年 月 日
风险级别	二级	责任单位	钻井队	责任人	队长
故障描述	防喷器远程控制装置储能器胶囊破损				
维修方案：更换储能器胶囊					
附件：√工作安全分析表√启动前安全检查表√作业许可票					

	序号	检查项目	责任人签字	监护人签字
隔离与检查	1	对气源进行切断，并上锁挂签	×××	×××
	2	对动力源进行切断，并上锁挂签	×××	×××
	3	对重力势能等储存能量释放，并采取安全措施	×××	×××
	4	作业工况是否允许此项修理作业进行	×××	×××

续表

	序号	风险内容及措施	检查确认 是√否×
风险分析及措施	1	维修点附近是否有易燃易爆物，如有立即清理	√
	2	维修对象内是否有易燃易爆物，如有立即清理	√
	3	维修过程是否释放有毒有害气体并采取相应的措施	√
	4	维修中是否涉及动火、高空、临边、有限空间等作业，如有是否办理作业许可，并采取相关控制措施	×
	5	维修过程是否产生高温、高热、高压、意外能量释放，是否采取防烫伤、火灾等风险控制措施	√
	6	维修工具是否功能良好，满足使用要求，使用前必须进行功能试验	√
	7	维修中涉及一般变更以上管理的修理，是否按照变更管理七步法落实变更管理	√
	8	维修前是否与机房钻台相关负责人、作业人员员进行沟通	√
	9	对容易滑跌，烫伤部位是否采取了防滑、防烫伤措施	√
	10	修理完毕是否进行启动前安全检查与相关功能测试	
审批	我已检查确认，并严格落实以上风险控制相关措施		申请人签名：××× 　　年　月　日　时　分
	我已到现场检查验证，作业人员劳保护具穿戴齐全，各项风险控制措施到位，并组织召开安全会议		审批人签字：项目部 监督员签字：×××
	维修期限： 　月　日　时　分－　月　日　时　分		责任人签字：队长 　　年　月　日　时　分
实施	本次修理作业已经完成，修理完毕，场地已清理干净，设备启动前进行了安全检查，并做功能测试，无异常现象		负责人签字： 　　年　月　日　时　分

（5）填写检维修隔离方案表。见表4-34。

表 4-34　隔离方案

维修单位	钻井队/专业厂家	编写人	副队长
作业区域	防喷器远程控制装置区	作业时间	

维修人员：×××，×××

作业内容：更换储能器胶囊

隔离区域/设备：防喷器远程控制装置区

能量源	危害	隔离方法	隔离点	上锁点及锁具
气源	误启动、误挂合	□关闭阀门 □断开管线 □切断电源 □切断气源 □切断并泄压 □其他	气泵进气阀	闸阀锁
电能	误启动、误挂合	□关闭阀门 □断开管线 □切断气源 □切断电源 □切断并泄压 □其他	电控房控制远控房电路开关	断路器锁
高压	误操作	□关闭阀门 □断开管线 □切断气源 □切断电源 □切断并泄压 □其他控制开关	打压泵控制开关	断路器锁

审批人：×××　　　　　　　　　　年　月　日

（6）确定上锁挂签方案。见表 4-35。

表 4-35 上锁挂签方案

序号	作业内容	挂签点及图示		挂签方式及图示		能量释放隔离	责任人
		上锁点	图示	挂签方式	图示		
1	更换远程控制装置	气泵进气阀		闸阀锁		切断气源	机械工长
		电控房控制远控房电路开关		断路器锁		切断电源	司机长
		打压泵控制开关	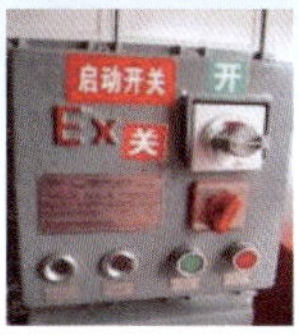	断路器锁	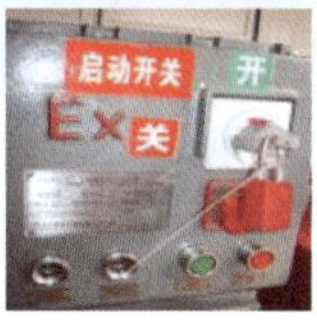	切断电源	司机长

五、审核

（1）审核现场检维修准备工作。

①工具准备情况：工具及配件清单：充氮工具 1 套，专业提丝 1 个，17# 梅花扳手 1 个，专用勾头扳手 1 套，加力杆一根。

②审核隔离方案及上锁挂签。

（2）现场审核确认。现场检查验证，作业人员劳保护具穿戴齐全，各项风险控制措施到位。

（3）组织召开安全会。

六、作业实施

远程控制装置泄压→拆卸损坏的储能器胶囊→更换新胶囊→补充氮气。

七、作业关闭

（1）解除能量隔离。

（2）回收工具，清理工作现场。

（3）启动前安全检查。见表 4-36。

表 4-36 控制装置更换储能器胶囊启动前检查表

序号	检查项目	检查人	检查存在问题描述	必改项	缓改项
1	检查气源是否断开	×××			
2	检查电源是否断开	×××			
3	检查储能器压力是否排空	×××			
4	维修工具是否准备齐全	×××			

(4) 检查各部位连接、紧固,试打压验证。

(5) 资料归档。资料归档流程如图 4-18 所示。

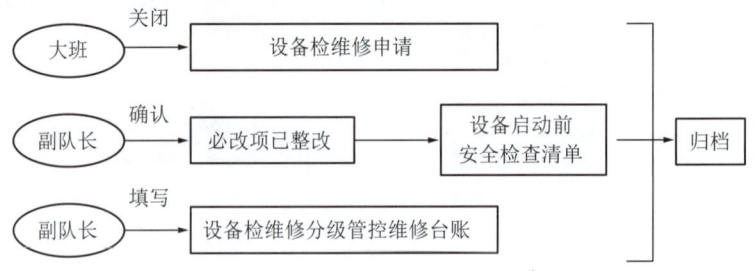

图 4-18 资料归挡流程

第七节 固控设备检维修作业管理

随着钻井行业清洁化生产的迫切要求,固控设备的作用日益凸显。进而固控设备的日常维护、保养、检维修等作业越发重要。曾经发生过离心机检维修过程中,滚筒飞出的事故。为了安全高效地进行固控设备的检维修作业,保障作业人员的安全,这就要求在检维修分级管控上狠下功夫。固控设备的检维修,主要包含各设备电控系统、更换电机、更换零部件、清洗钻井液堵塞等。本节以常见离心机内筒清理为例,介绍固控设备检维修作业管理。

一、故障情况描述

离心机启动时，内、外筒粘连。

二、确定维修方案

钻井队大班向值班干部汇报后，确定清理离心机内筒。

三、维修方案分级

钻井队依据《设备检维修分级管控清单》确定该项检维修作业为三级检维修作业。

四、申请

（1）成立检维修小组。

（2）工作安全分析。工作安全分析见表 4-37。

表 4-37　工作安全分析

单位	××钻井队	工作任务简述	清理离心机内筒	
作业负责人		作业人员	需要的特种作业人员资质	
序号	工作步骤	危害描述	危害控制措施	责任人（岗位）
1	停动力源	触电伤害	合闸戴绝缘手套；杜绝湿手作业	断电人员
2	拆卸	误挂合伤害	动力电源上锁挂签	断电人员
		手工具碰伤	选用正确的手工具	维修人员
		落物砸伤	打开护罩后，应对护罩进行固定，防止检维修中护罩翻转，下砸造成人员伤害	维修人员
3	连接清洗管线，对内筒进行清洗	滑跌伤人	选取合理站位，及时清理积水	维修人员
4	启动试机	机械伤害	启动后远离设备，防止突然启动零部件飞出伤害	维修人员

（3）人员分工。见表 4-38。

表4–38 人员分工

序号	岗位	姓名	相关资质	分工
1	大班司钻	×××		清理作业
2	司机	×××		配合大班
3	副队长	×××		值班干部

（4）填写检维修审批表。见表4–39。

表4–39 设备检维修分级管控申请审批表

维修单位	×××	审批编号	×××	申请人	大班
维修地点	×××	维修人员	×××、×××	监护人	副队长
设备名称	离心机	设备型号		修理时间	年 月 日
风险级别	三级	责任单位	钻井队	责任人	副队长
故障描述	离心机启动时，内、外筒粘连					

维修方案：清理离心机内筒

附件：√工作安全分析表√启动前安全检查表√作业许可票

	序号	检查项目	责任人签字	监护人签字
隔离与检查	1	对气源进行切断，并上锁挂签	×××	×××
	2	对动力源进行切断，并上锁挂签	×××	×××
	3	对重力势能、等储存能量释放，并采取安全措施	×××	×××
	4	作业工况是否允许此项修理作业进行	×××	×××
	序号	风险内容及措施	检查确认 是√否×	
风险分析及措施	1	维修点附近是否有易燃易爆物，如有立即清理	√	
	2	维修对象内是否有易燃易爆物，如有立即清理	×	
	3	维修过程是否释放有毒有害气体并采取相应的措施	×	
	4	维修中是否涉及动火、高空、临边、有限空间等作业，如有是否办理作业许可，并采取相关控制措施	×	
	5	维修过程是否产生高温高热、意外能量释放，是否采取防烫伤、火灾等风险控制措施	×	
	6	维修工具是否功能良好，满足使用要求，使用前必须进行功能试验	√	

风险分析及措施	7	维修中涉及一般变更以上管理的修理,是否按照变更管理七步法落实变更管理	×
	8	维修前是否与机房钻台相关负责人、作业人员进行沟通	√
	9	对容易滑跌,烫伤部位是否采取了防滑、防烫伤措施	√
	10	修理完毕是否进行启动前安全检查与相关功能测试	×

审批	我已检查确认,并严格落实以上风险控制相关措施	申请人签名:××× 　　年　月　日　时　分
	我已到现场检查验证,作业人员劳保护具穿戴齐全,各项风险控制措施到位,并组织召开安全会议	审批人签字:队长 监督员签字:××× 责任人签字:副队长
	维修期限: 　月　日　时　分 - 　月　日　时　分	年　月　日　时　分

实施	本次修理作业已经完成,修理完毕,场地已清理干净,设备启动前进行了安全检查,并做功能测试,无异常现象	负责人签字: 　　年　月　日　时　分

(5) 填写检维修隔离方案表。见表4-40。

表4-40 隔离方案

维修单位	钻井队	编写人	副队长
作业区域	循环罐	作业时间	

维修人员:×××、×××

作业内容:清理离心机内筒

隔离区域/设备:离心机

能量源	危害	隔离方法	隔离点	上锁点及锁具
电能	误启动、误挂合	□关闭阀门 □断开管线 □切断电源 □切断气源 □切断并泄压 □其他	电控房供电开关	断路器锁
高压液能	误启动、误挂合	□关闭阀门 □断开管线 □切断电源 □切断气源 □切断并泄压 □其他	供液泵电源插头	插头锁

审批人:×××　　　　　　　　　　　　　年　月　日

（6）确定上锁挂签方案。见表4-41。

表4-41 上锁挂签

作业内容	上锁点及图示		上锁方式及图示		能量释放隔离	责任人
	上锁点	图示	上锁方式	图示		
清理离心机内筒	电控房供电开关、供液泵电源插头		断路器锁、插头锁		停动力源	司机

五、审核

（1）审核现场检维修准备工作：

①工具准备情况：活动扳手、内六方扳手、螺丝刀。

②审核隔离方案及上锁挂签。

（2）现场审核确认：现场检查验证，作业人员劳保护具穿戴齐全，各项风险控制措施到位。

（3）组织召开安全会。

六、作业实施

拆卸离心筒护罩→拆下平衡块→连接清洗管线，对内筒进行清洗→清洗完成，清理作业现场。如图4-19至图4-22所示。

图4-19 打开离心筒护罩

图4-20 拆下平衡块

图 4-21 对内筒进行清洗

图 4-22 清理作业现场

七、作业关闭

（1）解除能量隔离。

（2）回收工具，清理工作现场。

（3）启动前安全检查。见表 4-42。

表 4-42 离心机检维修启动前检查表

序号	检查项目	检查人	检查存在问题描述	必改项	缓改项
1	固定于限位槽内	机械工长	无		
2	零部件固定牢靠无松动	机械工长	无		
3	主电机、辅电机、供液泵电机盘动灵活	机械工长	无		
4	供液泵管线连接牢靠，无松动	机械工长	无		
5	旋转部位护罩齐全安全可靠	机械工长	无		
6	皮带松紧程度合适	机械工长	无		
7	盘动主电机辅电机不跟随一起转动	机械工长	无		
8	电机开关按钮灵活	司机	无		

（4）检查各部位连接、紧固，试挂合验证。

（5）资料归档。资料归档流程如图 4-23 所示。

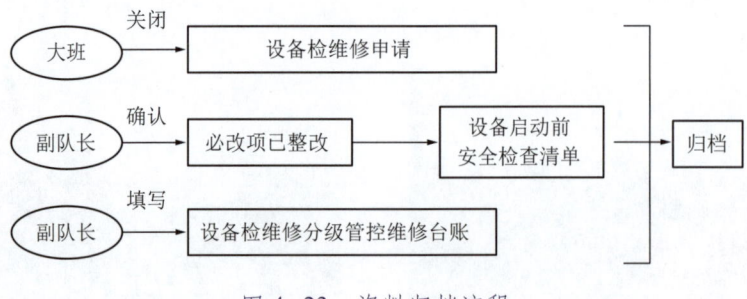

图 4-23 资料归档流程

第八节 钻井旋转系统设备检维修作业管理

在地面旋转钻进过程中,为了驱动井中钻具带动钻头旋转破碎岩石,钻机配备有转盘、水龙头等旋转设备。本节以常见更换水龙头冲管为引,确定检维修。

一、故障情况描述

水龙头冲管处滴漏钻井液。

二、确定维修方案

钻井队大班向值班干部汇报后,确定更换冲管。

三、维修方案分级

钻井队依据《设备检维修分级管控清单》确定该项检维修作业为三级检维修作业。

四、申请

(1)成立检维修小组。

(2)工作安全分析。工作安全分析见表 4-43。

表 4-43　工作安全分析

单位	××钻井队	工作任务简述	更换冲管	
作业负责人	×××	作业人员	×××、×××、×××	需要的特种作业人员资质
序号	工作步骤	危害描述	危害控制措施	责任人（岗位）
1	停动力源	机械伤害（误挂合）	停车、断气、上锁挂签、专人监护	×××
2	拆卸旧冲管	物体打击 人员坠落	1. 砸冲管活接头销子时戴好护目镜，不得站在椰头的运行方向。 2. 安全带高挂低用	×××
3	下放旧冲管，上提新冲管	夹伤 物体打击	1. 使用气动绞车配合时专人指挥，栓挂牵引绳。 2. 远离危险区域	×××
4	安装新冲管	物体打击 人员坠落	1. 砸冲管活接头销子时戴好护目镜，不得站在椰头的运行方向。 2. 安全带高挂低用	×××
5	回收工具，试运行	滑跌 设备损坏	1. 清点回收作业工具，清理杂物，检查更换的新链条安装到位。 2. 专人指挥，平稳挂合设备，有异常时及时停掉设备	×××

(3)人员分工。见表 4-44。

表 4-44　人员分工

序号	岗位	姓名	相关资质	分工
1	机械工长	×××		安装
2	司钻	×××		配合大班安装
3	副队长	×××		值班干部

(4)填写检维修审批表。见表 4-45。

表 4-45　设备检维修分级管控申请审批表

维修单位	×××	审批编号	×××	申请人	大班
维修地点	×××	维修人员	×××、×××	监护人	司钻
设备名称	水龙头	设备型号		修理时间	年 月 日

续表

风险级别		三级	责任单位		钻井队	责任人	副队长
故障描述		冲管刺漏					
维修方案：更换冲管							
附件：√工作安全分析表√启动前安全检查表√作业许可票√							
隔离与检查	序号	检查项目				责任人签字	监护人签字
	1	对气源进行切断，并上锁挂签				×××	×××
	2	对动力源进行切断，并上锁挂签				×××	×××
	3	对重力势能等储存能量释放，并采取安全措施				×××	×××
	4	作业工况是否允许此项修理作业进行				×××	×××
风险分析及措施	序号	风险内容及措施					检查确认是√否×
	1	维修点附近是否有易燃易爆物，如有立即清理					√
	2	维修对象内是否有易燃易爆物，如有立即清理					√
	3	维修过程是否释放有毒有害气体并采取相应的措施					√
	4	维修中是否涉及动火、高空、临边、有限空间等作业，如有是否办理作业许可，并采取相关控制措施					×
	5	维修过程是否产生高温高热、意外能量释放，是否采取防烫伤、火灾等风险控制措施					√
	6	维修工具是否功能良好，满足使用要求，使用前必须进行功能试验					√
	7	维修中涉及一般变更以上管理的修理，是否按照变更管理七步法落实变更管理					×
	8	维修前是否与机房钻台相关负责人、作业人员员进行沟通					√
	9	对容易滑跌，烫伤部位是否采取了防滑、防烫伤措施					√
	10	修理完毕是否进行启动前安全检查与相关功能测试					×
审批	我已检查确认，并严格落实以上风险控制相关措施					申请人签名：×××　　年　月　日　时　分	
	我已到现场检查验证，作业人员劳保护具穿戴齐全，各项风险控制措施到位，并组织召开安全会议					审批人签字：队长 监督员签字：××× 责任人签字：副队长　　年　月　日　时　分	
	维修期限： 　月　日　时　分－　月　日　时　分						
实施	本次修理作业已经完成，修理完毕，场地已清理干净，设备启动前进行了安全检查，并做功能测试，无异常现象					负责人签字： 　　年　月　日　时　分	

(5) 填写检维修隔离方案表。见表 4-46。

表 4-46 隔离方案

维修单位	钻井队	编写人	副队长
作业区域	机房区	作业时间	

维修人员：×××，×××

作业内容：更换被拉长的链条

隔离区域/设备：机房区/柴油机、并车传动厢

能量源	危害	隔离方法	隔离点	上锁点及锁具
高压液能	误启动、误挂合	□关闭阀门 □断开管线 □切断电源 □切断气源 □切断并泄压 □其他	闸门组高压闸门	万能缆锁
机械能	误启动、误挂合	□关闭阀门 □断开管线 □切断电源 □切断气源 □切断并泄压 □其他	绞车操作箱	安全锁

审批人：×××　　　　　　　　　　年　月　日

(6) 确定上锁挂签方案。见表 4-47。

表 4-47 上锁挂签

序号	作业内容	上锁点及图示		上锁方式及图示		能量释放隔离	责任人
		上锁点	图示	上锁方式	图示		
1	更换水龙头冲管	闸门组高压闸门、绞车操作箱	 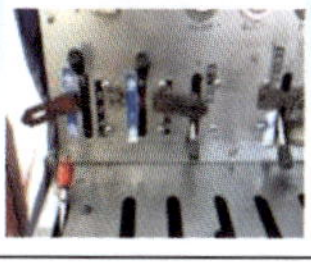	万能缆锁、安全锁	 	停动力源	机械工长

五、审核

(1) 审核现场检维修准备工作：

①工具准备情况：榔头、撬杠、冲管扳手、冲管、牵引绳、黄油、安全带。

②审核隔离方案及上锁挂签。

(2) 现场审核确认：现场检查验证，作业人员劳保护具穿戴齐全，各项风险控制措施到位。

(3) 组织召开安全会。

六、作业实施

拆卸旧冲管→更换新冲管→清理现场。

七、作业关闭

(1) 解除能量隔离。

(2) 回收工具，清理工作现场。

(3) 启动前安全检查。见表4-48。

表4-48 并车传动厢检维修启动前检查表

序号	检查项目	检查人	检查存在问题描述	必改项	缓改项
1	检查水龙头润滑油	机械工长	无		
2	检查各连接紧固	机械工长	无		
3	工具回收	机械工长	无		

(4) 检查各部位润滑、连接、紧固，试挂合验证。

(5) 资料归档。资料归档流程如图4-24所示。

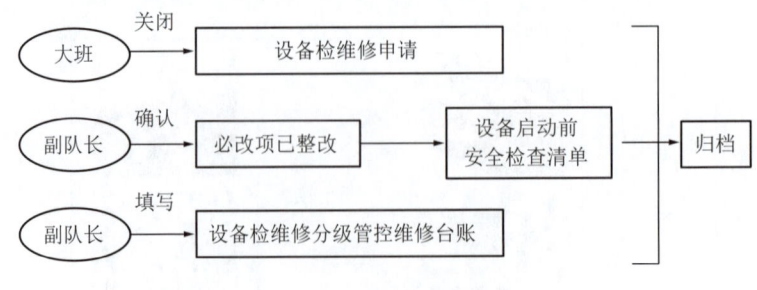

图4-24 资料归档流程

第五章

钻井设备检维修作业常见违章、隐患和事故案例

钻探企业设备检维修作业不安全行为和隐患是造成事故的根本原因,本章主要内容包括:钻探企业设备检维修作业常见不安全行为、常见隐患和事故案例。

第一节 钻井设备检维修作业常见违章

本节从人员站位、个人防护、工具与设备、程序与规程和作业环境五个方面描述了设备检维修作业常见不安全行为,配以图例,并说明其危害,供设备检维修作业人员使用,便于现场管理人员、操作人员对照查纠不全行为(见表5-1至表5-5)。

表5-1 人员站位不安全行为清单

不安全行为描述	图例	危害说明	级别
检维修作业站在绞车前防护栏杆上		脚下打滑跌落伤人	一般操作违章
检维修作业操作砂轮机站在正对面		砂轮碎屑飞出伤人	一般操作违章

续表

不安全行为描述	图例	危害说明	级别
检维修钻井泵站在梆头运行轨迹范围		梆头头部飞出伤人	一般操作违章
检维修钻井泵站在钻井泵拉杆箱边沿		滑跌伤人	一般操作违章
检维修钻井泵站在钻井泵泵头边沿		滑跌伤人	一般操作违章
检维修钻井泵站在泥浆池边沿		跌落泥浆池伤人	一般操作违章

续表

不安全行为描述	图例	危害说明	级别
检维修作业监护人员倚靠栏杆		栏杆倾倒人员跌落伤人	一般操作违章

表 5-2　个人防护不安全行为清单

不安全行为描述	图例	危害说明	级别
检维修作业超过 2m 未使用防坠落装置	 	坠落受伤	重大操作违章
检修作业使用电焊机时未戴专用手套		触电	一般操作违章

续表

不安全行为描述	图例	危害说明	级别
检维修柴油机时未佩戴护目镜		眼部受伤害	一般操作违章
检修作业时未穿防护鞋		脚部受伤害	一般操作违章
检维修作业操作气动绞车起吊刹带时排绳不齐		钢丝绳吃力突然拉紧，被吊物下坠伤人	一般操作违章

表5-3 使用工具与设备不安全行为清单

不安全行为描述	图例	危害说明	级别
检维修作业使用榔头手握手柄位置不当		手部被挤夹伤害	一般操作违章

续表

不安全行为描述	图例	危害说明	级别
检维修作业使用抛光机倾斜角度过大		轮片碎裂伤人	一般操作违章
检维修作业使用加力杠（管）选用不当		加力管（杠）滑脱伤人	一般操作违章
用管钳或扳手代替榔头进行敲击作业		管钳或扳手损坏	一般操作违章

续表

不安全行为描述	图例	危害说明	级别
检维修作业使用其他工具代替榔头、扁铲进行作业		工具打滑伤人	一般操作违章
检维修作业使用电钻手离旋转部位太近，钻头与工作面不垂直		手部受伤害	一般操作违章
检维修作业使用活动扳手钳口方向不正确		工具打滑伤人	一般操作违章
检维修作业使用液压千斤时人员站在千斤对面		活塞杆窜出伤人	一般操作违章
检维修作业使用撬杠时尖部正对操作人员		撬杠打滑尖部伤人	一般操作违章

续表

不安全行为描述	图例	危害说明	级别
检维修作业敲击时歪头与旁人说话，注意力不集中		误操作伤人	一般操作违章
检查维修作业用螺丝刀当撬杠用		螺丝刀损坏	一般操作违章
检查维修作业直接用手扶		容易砸到配合人员手部	一般操作违章
检维修作业使用切割机下料时，夹紧装置未紧固		物料抖动致使切割片碎裂飞出伤人	一般操作违章
检维修作业使用气动扳手套筒未装好，且扳手未拿正		套筒部件飞出伤人	一般操作违章

续表

不安全行为描述	图例	危害说明	级别
使用完砂轮机未断电源	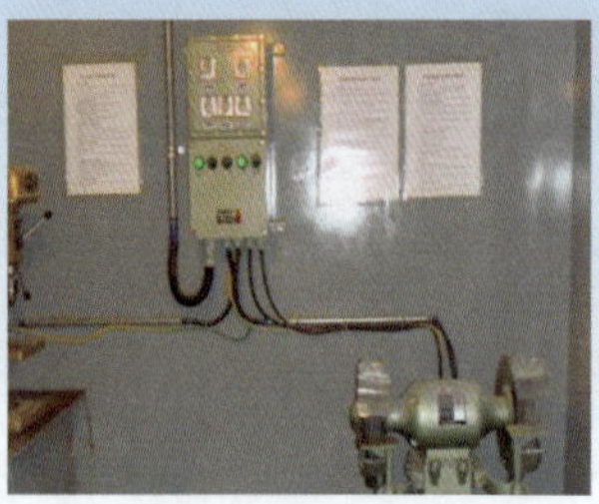	砂轮机误启动伤人	一般操作违章

表 5-4 执行程序与规程不安全行为清单

不安全行为描述	图例	危害说明	级别
检修完钻井泵空气包螺丝帽未上紧		空气包上盖被顶开	一般操作违章
检修液气大钳未切断气源、未锁定手柄	 	人员误碰撞操作手柄，液气大钳突然动作，有可能造成人员意外伤害	严重操作违章

续表

不安全行为描述	图例	危害说明	级别
检修液气大钳未开具作业许可票		风险辨识不全造成伤害	重大操作违章
检修完钻井泵未扣合好盘泵装置旋转部位防护罩就挂离合器操作		员工靠近检查时容易被高速旋转的部位卷入	严重操作违章
检修完钻井泵后未按规定清理施工现场		应急通道不畅	一般操作违章
检修完绞车后滚筒前护罩未安装好就挂合离合器操作		作业人员容易被卷入造成伤亡事故	严重操作违章
检修完万向轴护罩未安装就挂合绞车离合器		员工靠近检查时容易被高速旋转的部位卷入	严重操作违章

续表

不安全行为描述	图例	危害说明	级别
检修电磁刹车及线路时未办理作业许可票		风险辨控不到位或无人监护造成伤害	一般操作违章
检修钻井泵未隔离能量、上锁挂签		能量意外释放造成伤害	重大操作违章
检维修作业使用乙炔气瓶时用脚蹬		溶解在丙酮中的乙炔气体沿瓶口溢出	一般操作违章
检修电路、钻井泵作业无人监护		发生突发情况不能及时施救或求救	严重操作违章

续表

不安全行为描述	图例	危害说明	级别
钻井泵运转时打开拉杆箱检查		被钻井泵拉杆碰伤	一般操作违章
更换完液气大钳钳牙，工具未回收		剩余工具落井或损坏设备	一般操作违章
检维修作业未持证人员私自动用电焊		风险辨控不到位，受到伤害	重大操作违章
检修电路未上锁挂签		闸刀误挂合触电伤人	重大操作违章

续表

不安全行为描述	图例	危害说明	级别
检修作业现场玩手机		违反劳动纪律	一般操作违章
检修钻井泵时将泥浆排放至底座下		污染环境	严重操作违章

表5-5 作业环境相关不安全行为清单

不安全行为描述	图例	危害说明	级别
检修钻井泵时将配件放置在泵头上	 	配件掉落伤人或配件将人绊倒跌落伤人	一般操作违章

续表

不安全行为描述	图例	危害说明	级别
检修完钻井泵后未按规定清理施工现场		应急通道不畅	一般操作违章
泥浆罐内检维修作业通风不良		窒息	一般操作违章
检修除砂器将梯子放在坐岗房与除砂器之间		应急通道不畅	一般操作违章
检修绞车时梯子阻挡通道		应急通道不畅	一般操作违章

第二节　钻井设备检维修作业常见隐患

本节描述了设备检维修作业常见安全隐患，配以图例，并说明其危害，供设备检维修作业人员使用，便于现场管理人员、操作人员对照查治隐患，确保检维修作业设施或工具安全、可靠。

表 5-6　检维修作业常见隐患清单

安全隐患描述	图例	后果说明	分级
榔头手柄开裂		手柄断裂榔头飞出伤人	一般隐患
砂轮机砂轮片与托架大于3mm		容易发生磨削件被轧入的现象，甚至造成砂轮破裂飞出事故	一般隐患
电焊机手柄处电缆绝缘胶皮破损，铜丝裸露		触电	一般隐患
电焊机接线端护盖缺失		触电	一般隐患

安全隐患描述	图例	后果说明	分级
氧气、乙炔带龟裂		漏气	一般隐患
切割机切割片破损		使用时切割片断裂飞出伤人	一般隐患
切割机接地线线头断脱		触电	一般隐患
使用乙炔作业时未安装回火止回阀		无回火止回阀一旦起火，火焰进入乙炔瓶内，可能发生燃烧爆炸	一般隐患
切割机侧面无护罩		衣物卷入伤人	一般隐患

续表

安全隐患描述	图例	后果说明	分级
电焊作业时监护人员所持灭火器筒底锈蚀		爆炸	一般隐患
焊割作业面罩破损		防护失效	一般隐患
砂轮机电源线胶皮破损		触电	一般隐患
手持砂轮机无护罩		旋转部位伤人	一般隐患

第三节　钻井设备检维修作业事故案例

本节从动力系统设备、循环系统设备、起升系统设备、传动系统设备、电控系统设备、其他设备等六个方面介绍了 13 起钻探企业设备检维修作业典型事故案例，应用了"为什么树"法，从直接原因、间接原因和管理原因三个方面分析了事故原因，并提出了预防和纠正措施。

一、动力系统设备检维修作业事故案例——检修发电机抡榔头伤人事故

1. 事故经过

某钻井队安装 200kW 发电机转子轴，由于转子轴未安装到位，需用榔头向里砸，王某手持 90×90×100mm 垫木在轴头左侧，安排李某用 12lb 榔头砸在轴头前端，车某在轴的右侧蹲着观察，李某在打的过程中不慎将垫木打劈，榔头侧滑后击打在蹲在右侧观察的车某的头部右侧太阳穴与颧骨交界处，致其脑挫伤、头皮挫伤。

2. 原因分析

检修发电机抡榔头伤人事故为什么树如图 5-1 所示。

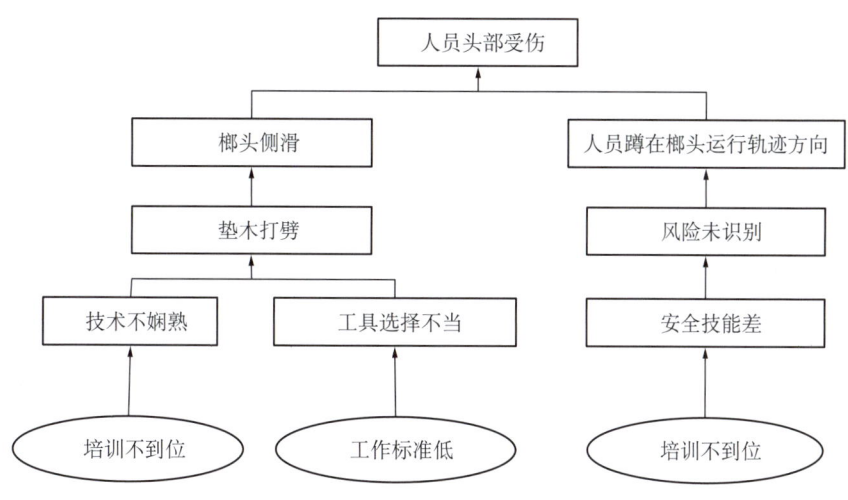

图 5-1　检修发电机抡榔头伤人事故为什么树

(1) 直接原因：李某将垫木打劈，榔头侧滑后打在蹲在右侧观察的车某的头部右侧太阳穴与颧骨交界处致伤。

(2) 间接原因：

①李某使用榔头技术不娴熟。

②李某使用垫木，工具选择不当。

③车某所处位置不当，置身于危险区域。

(3) 管理原因：

①手工具使用培训不到位，致使李某手工具使用方法不掌握、使用风险未辨控。

②现场监控不到位，未应用安全观察与沟通等风险控制工具辨控人员站位不当等不安全行为。

3. 纠正和预防措施

(1) 加强手工具使用的教育培训，使员工掌握使用技巧，避免伤害。

(2) 提高员工安全意识和风险辨识能力，规范员工安全站位。

(3) 根据工作状况，使用合理规范的工具。

二、循环系统设备检维修作业事故案例

（一）更换钻井泵阀箱三角支架倾倒伤人事故

1. 事故经过

某钻井队进行更换钻井泵 $2^\#$ 阀箱作业。副队长刘某组织大班骨干人员利用自制的三角支架吊装 $2^\#$ 阀箱，刘某将吊带穿过阀箱压盖装卸孔后挂在 5t 倒链上，站在柴油机水箱前指挥起吊，机械工长和工程二班司钻站在钻井泵上拉倒链起吊，大班司钻何某在 $2^\#$ 柴油机旁的钻井泵远程控制箱处背对支架找气路接头，准备接旋扣风炮上扣。郭某和李某将阀箱一头拉起离地面约 5cm 时，三角支架因受阀箱斜向拉力，致使顶部连接架与位于泥浆罐边靠钻井泵空气包处支腿连接突然脱开，连接架与另两条支腿向柴油机处倾倒，砸在大班司钻何某肩背部致伤。

2. 原因分析

更换钻井泵阀箱三角支架倾倒伤人事故为什么树如图 5-2 所示。

(1) 直接原因：郭某和李某起吊阀箱时三角支架倾倒，砸伤作业人员。

(2) 间接原因：

第五章 钻井设备检维修作业常见违章、隐患和事故案例

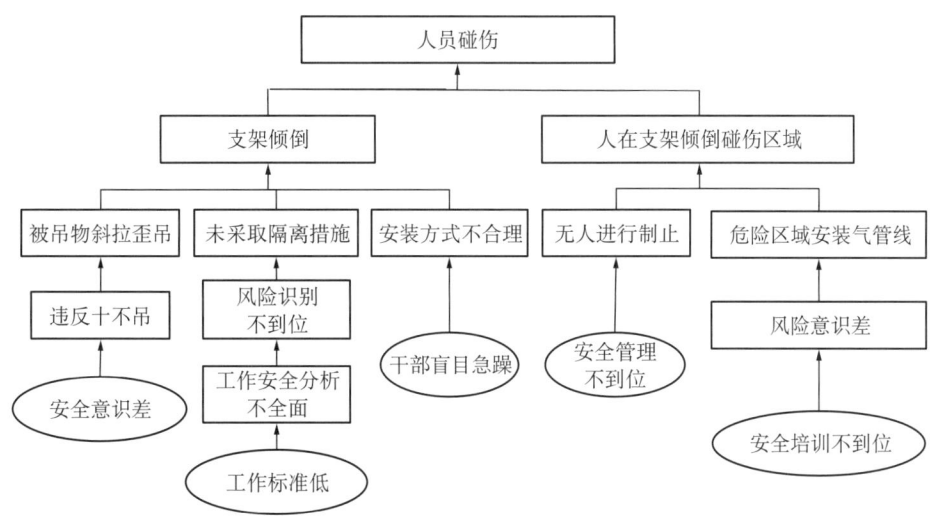

图 5-2 更换钻井泵阀箱三角支架倾倒伤人事故为什么树

①指挥人员职责不落实,未按起重作业落实"起重作业十不吊"和"五个确认"。
②人员处在支架倾倒的危险区域。
③安装方式选择不合理,风险识别不全面。
④起吊支架为钻井队自制,顶部连接架与支腿连接为插入式连接,在有水平分力作用下易脱出,稳定性较差。支架无防倾倒措施,在失稳后无法控制
⑤被吊物的位置超出了支架的起吊范围(起吊物重心超出支架支腿连线垂直距离0.8m)。

(3)管理原因:
①生产组织无计划性,在条件不具备的情况下随意安排检维修作业。
②现场管理混乱,多人进入危险区域无人提示制止。
③员工日常安全培训不到位,风险意识差,未识别出支架倾倒的风险。
④在没有吊车配合的情况下,使用非正规自制工具作业,且超能力作业。

3. 纠正和预防措施

(1)禁止使用自制吊具、自制工具自行作业,禁止使用三角支架代替吊车进行起吊作业。
(2)严格执行作业程序,严禁私自进行变更,确需要变更要进行申请,严格执行审批权限。
(3)认真开展工作安全分析,全面识别作业过程中的各类风险,制订风险控制措施,明确控制人员。

(4)加强现场安全培训,持续提高现场作业人员安全意识、安全技能。

(二)检查钻井泵拉杆箱滑跌事故

1. 事件经过

某钻井队工程三班副司钻王某在岗位巡检过程中听到 1# 钻井泵声音异常,便站在地面打开钻井泵 1# 拉杆箱检查未发现问题,于是王某爬上钻井泵液力端左脚踩在 1# 拉杆箱边缘,右脚踩在泵头上检查 2# 拉杆箱,在检查的过程中不小心左脚滑进 1# 拉杆箱中,左脚小拇指被拉杆碰伤。

2. 原因分析

原因分析为什么树如图 5-3 所示。

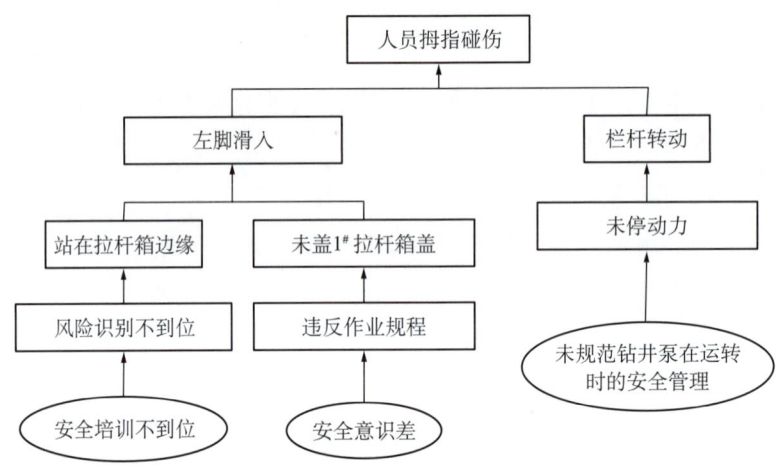

图 5-3 检查钻井泵拉杆箱滑跌事故为什么树

(1)直接原因:王某踩在 1# 拉杆箱边缘的左脚滑入 1# 拉杆箱,被拉杆卡子碰伤。

(2)间接原因:

①王某在钻井泵运转情况下打开拉杆箱盖板站在拉杆箱边缘检查,站位不当。

②在检查完 1# 拉杆箱后未盖 1# 拉杆箱盖板的情况下检查 2# 拉杆箱。

(3)管理原因:

①钻井队在日常管理中,未对岗位人员的习惯性违章及时纠正,导致现场不安全行为频发。

②钻井队日常 HSE 培训不到位,致使王某岗位技能欠缺,安全意识淡薄,不能有效识别临时作业风险。

③未规范钻井泵在运转时的安全检查要求。

3. 纠正和预防措施

（1）开展安全经验分享以及事故学习和讨论，举一反三，吸取事故教训。

（2）对岗位员工进行岗位巡回检查时存在的风险进行识别，及时纠正员工在日常检查和作业中习惯性违章行为。

（3）加大夜班干部跟班，在岗位巡查发现设备异常或存在隐患时，及时向跟班干部进行汇报，检查时识别风险制订措施。

（4）规范钻井泵在运转时的安全检查要求。

（三）误挂合钻井泵伤人事故

1. 事故经过

某钻井队工程二班进行钻进作业，当钻至井深1647m时，1#钻井泵1#缸活塞刺钻井液，司钻亓某安排副司钻赵某和井架工陈某进行修泵作业，副司钻赵某和井架工陈某对1#泵并车箱开关进行了上锁挂签，但没有拆除并车箱1#泵气路管线。更换完1#泵1#缸活塞后，井架工陈某开始清理工具，并俯身取放置在拉杆箱中的套筒扳手，就在陈某左脚踩在阀箱上，右脚踩在2#拉杆卡子与缸套之间，俯身取拉杆箱中扳手时，司钻亓某好像看见泵房有人打手势让开泵，就挂合了1#钻井泵，拉杆工作后，导致陈某踩在2#缸拉杆卡子与缸套之间的右脚被夹伤。

2. 原因分析

原因分析为什么树如图5-4所示。

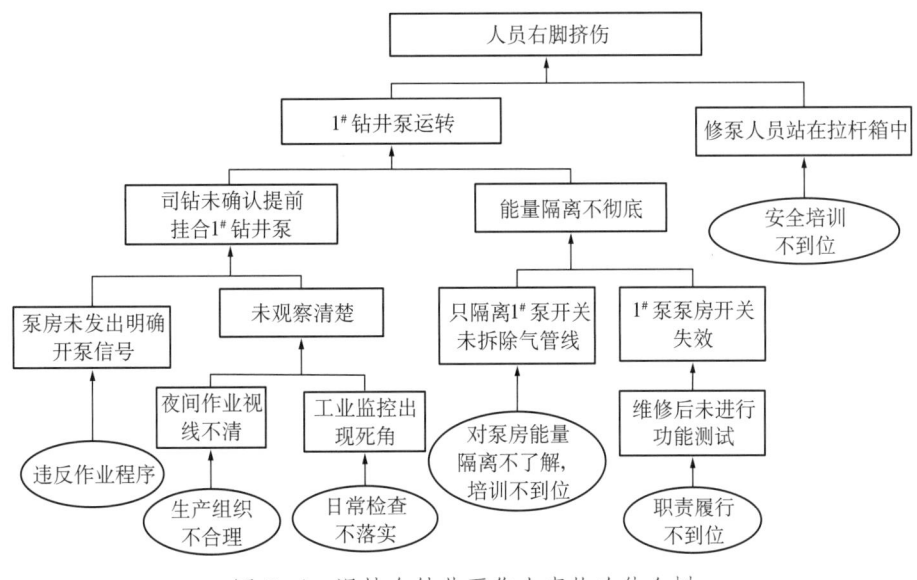

图5-4 误挂合钻井泵伤人事故为什么树

(1) 直接原因：司钻亓某在没有确认信号的情况下直接挂合 1# 钻井泵控制开关，造成修泵人员脚部受伤。

(2) 间接原因：

①私自改变控制方式。司机长与厂家人员在对设备设施控制不了解的情况下，错误接线，且未对接线后控制状态进行测试，导致 1# 泵并车箱两级控制开关失效。

②能量隔离不彻底。副司钻赵某对 1# 钻井泵并车箱开关做了隔离与上锁，但没有对并车箱 1# 钻井泵进气管线进行拆除。

③夜间作业环境不良。泵房光线不足，工业监控没有及时调整出现死角，司钻通过视屏无法看清泵房作业画面。

(3) 管理原因：

①没有严格执行启动前安全检查。钻井队没有进行设备启动前的安全检查，设备存在隐患未能及时发现。

②钻井队工作安排不全面。白天起下钻间隙未安排专人对钻井泵及其他设备设施进行全面检维修。

3. 纠正和预防措施

(1) 开展安全经验分享，举一反三，吸取事故教训。

(2) 扎实对七种风险控制工具进行再学习、再运用。特别是对上锁挂签、变更管理两个薄弱环节进一步规范。

（四）检修钻井泵时榔头头部脱落飞出伤人事故

1. 事故经过

某钻井队在检修钻井泵过程中，井架工胡某在用榔头敲击钢管拆卸缸套时，榔头头部突然脱落飞出，击打在扶钢管的内钳工王某左腹部，造成其左肾挫裂伤。

2. 原因分析

(1) 直接原因：胡某在用榔头敲击钢管拆卸缸套时，榔头头突然脱落飞出，击打在扶钢管的内钳工王某左腹部。

(2) 间接原因：

①使用的榔头存有缺陷，榔头头部与手柄连接松动。

②扶钢管人员站立在榔头头部脱落飞出运动的切线方向上，站位不当。

③作业前未检查出榔头存在的安全隐患。

原因分析为什么树如图 5-5 所示。

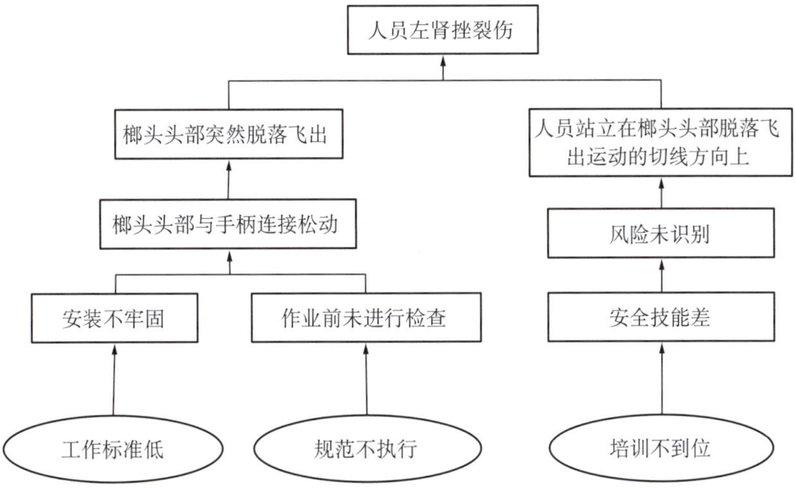

图 5-5　检修钻井泵时榔头头部脱落飞出伤人事故为什么树

(3) 管理原因：

①现场指挥人员没有及时制止人员站位不正确等不安全行为，没有对手工具使用过程中存在隐患的风险进行提示。

②风险管理不到位，管控责任履行不到位，生产组织混乱。

3. 纠正和预防措施

(1) 认真组织学习 HSE 作业程序，举一反三，查补漏洞。

(2) 作业前必须对使用工具进行检查确认，严禁使用存在隐患的工具，作业中榔头运动的切线方向和抡榔头范围内严禁站人。

(3) 严格落实 HSE 会议制度，强化生产组织，做好风险及措施交底。

三、起升系统设备检维修作业事故案例

(一) 液压盘刹工作钳夹伤手指事故

1. 事故经过

某钻井队工程二班进行钻进作业时发现刹车不灵，大班司钻在安排员工拆卸液压盘刹护罩及刹车块螺丝时，发现工作钳没有泄压，就上钻台准备泄压，司钻说下面员工都在作业不能泄压并走下钻台梯子，大班司钻一人在司控房检查按钮设定情况时，触碰到刹把，工作钳制动，将拆刹车块螺丝的内钳工手指夹伤。

2. 原因分析

原因分析为什么树如图 5-6 所示。

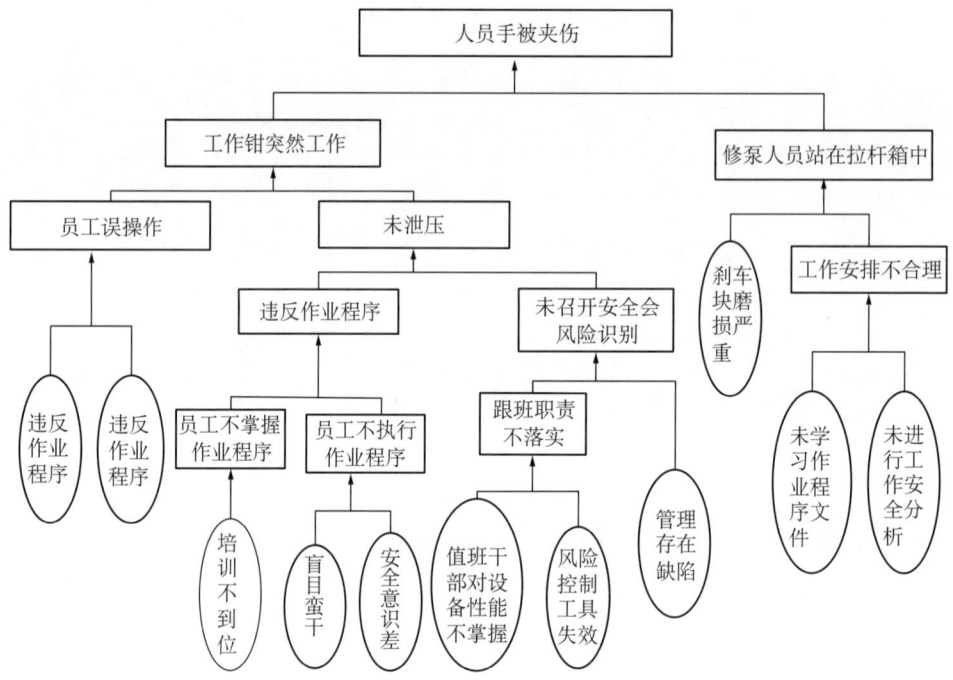

图 5-6 液压盘刹工作钳夹伤手指事故为什么树

（1）直接原因：检修液压盘刹工作钳时管线未泄压，大班司钻误触碰刹把，导致工作钳制动夹伤员工手指。

（2）间接原因：

①检修设备未停动力源、上锁挂签，无专人监护。

②岗位职责不落实，周检查、司钻岗位交接班检查流于形式，导致工作钳刹车块磨损严重隐患未被及时发现并更换。

（3）管理原因：

①风险控制工具应用质量不高，未进行作业许可，未开展工作安全分析，未识别作业过程存在的风险、制订控制措施、未向作业人员交底。

②关键岗位人员能力不足，日常教育培训不到位，作业程序不熟悉。

3. 纠正和预防措施

（1）建立值班干部对刹车等要害部位复查机制，防止岗位检查职责履行不到位留下隐患。

(2) 组织对关键岗位人员进行能力评价,开展针对性培训或岗位调整。

(3) 加强关键岗位人员绩效考核,促使职责履行到位。

(二) 员工坠入绞车滚筒事故

1. 事故经过

某钻井队工程一班接班后正常钻进。井口接好 187# 单根,上提钻具时绞车一挡拨叉脱出,多次调试未果。发现 1# 柴油机气囊管线漏气,就用二挡操作上提钻具,致使 1# 联动机移位。10:00,正当机械工长站在滚筒上与井架工一起卸绞车右上侧护罩时,司钻取下固定刹把的铁链去活动钻具,导致滚筒转动,站在滚筒上的机械工长跌落滚筒内,致其左腿骨折。

2. 原因分析

原因分析为什么树如图 5-7 所示。

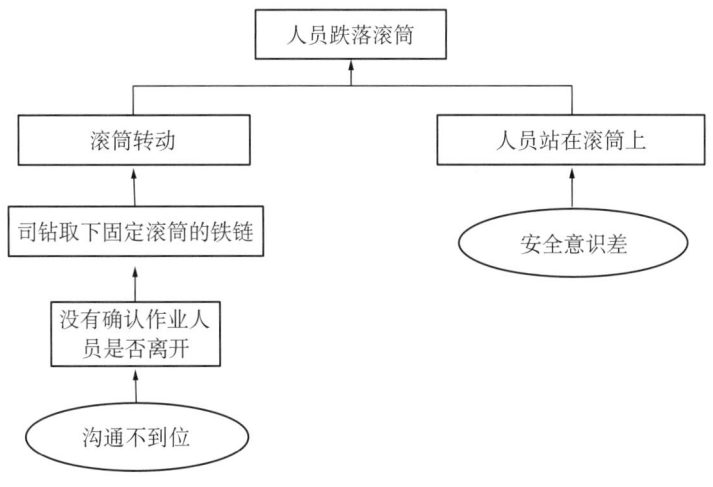

图 5-7 员工坠入绞车滚筒事故为什么树

(1) 直接原因:司钻取下固定刹把的铁链去活动钻具,导致滚筒转动,站在滚筒上的机械工长跌落滚筒内,致其左腿骨折。

(2) 间接原因:

①司钻在去掉固定刹把的链条前没有确认作业人员是否离开绞车滚筒。

②机械工长自身安全意识不强,站在绞车滚筒上卸螺杆。

(3) 管理原因:

①生产组织不力,正常钻进作业变更为检修设备作业,未组织召开作业前安全会,

未识别风险、未办理作业许可,未指定监护人。

②员工培训不足,对安全规章制度、操作规程生疏,识别和规避风险能力弱。

3. 纠正和预防措施

(1) 开展安全经验分享,组织全员学习和讨论,举一反三,杜绝类似事故重复发生。

(2) 开展人员站位专项行为安全审核,梳理人员站位清单,规范作业人员站位。

(3) 强化作业人员之间的沟通和提示,发现不安全行为立即制止和纠正。

四、传动系统设备检维修作业事故案例

(一)检查爬坡链条时盖板夹手事故

1. 事故经过

某钻井队内钳工郭某检查爬坡链条时未将链条箱盖板放下离开取工具,外钳工王某无意将右手放在观察孔盖板下面放油槽上,由于刮风将打开后处于垂直状态的盖板刮倒,将王某的右手大拇指前端夹伤。

2. 原因分析

原因分析为什么树如图 5-8 所示。

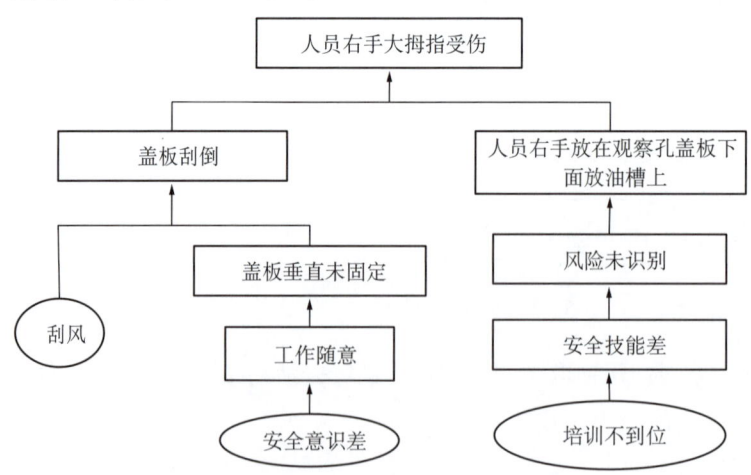

图 5-8 检查爬坡链条时盖板夹手事故为什么树

(1) 直接原因:风将打开后处于垂直状态的链条箱盖板刮倒,将放在盖板下面放油槽上王某的右手大拇指前端夹伤。

(2) 间接原因:

①链条箱盖板打开后为固定,处在不稳定状态。

② 王某个人安全意识淡薄,将手放在危险部位。
③ 爬坡链条箱盖板设计存在缺陷,不能完全打开放平。
(3) 管理原因:日常培训不到位,致使员工风险辨识能力差。

3. 纠正和预防措施

改造爬坡链条箱盖板打开状态,将合页改到下边,避免盖板上翻处于垂直状态这一风险。

(二) 拨链条撬杠滑脱伤人事故

1. 事故经过

某钻井队当班司助站在机房底座用撬杠拨链条,司机张某在联动箱顶部检查链条磨损情况和销子是否齐全,当撬链条时撬杠从链节中突然滑出,导致司助仰面倒向地面(高度为 0.93m),造成其腰三椎底爆裂性骨折。

2. 原因分析

原因分析为什么树如图 5-9 所示。

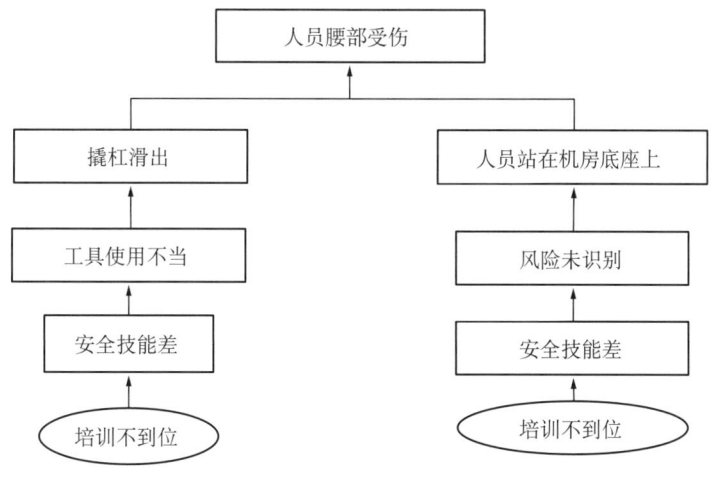

图 5-9 拨链条撬杠滑脱伤人事故为什么树

(1) 直接原因:司助撬链条时撬杠从链节中突然滑出,导致仰面倒向地面(高度为 0.93m),造成其腰部受伤。

(2) 间接原因:司助安全意识差,撬链条时站位不当,方法不妥,导致用力后撬杠从链节中滑出。

(3) 管理原因:日常安全警示教育不足,培训效果差。

3. 纠正和预防措施

开展警觉性教育，规范员工站位及操作方法。

五、电控系统设备检维修作业事故案例——电火花伤人事故

1. 事故经过

2014年6月12日，某钻井队正常钻井作业。12:15，因振动筛无动力，工程三班司机左某未办理作业许可，擅自卸下振动筛电源接头，在使用万用表检测时，接头与罐面接触，产生电火花，造成双手大拇指烧伤，面部熏黑。

2. 原因分析

原因分析为什么树如图5-10所示。

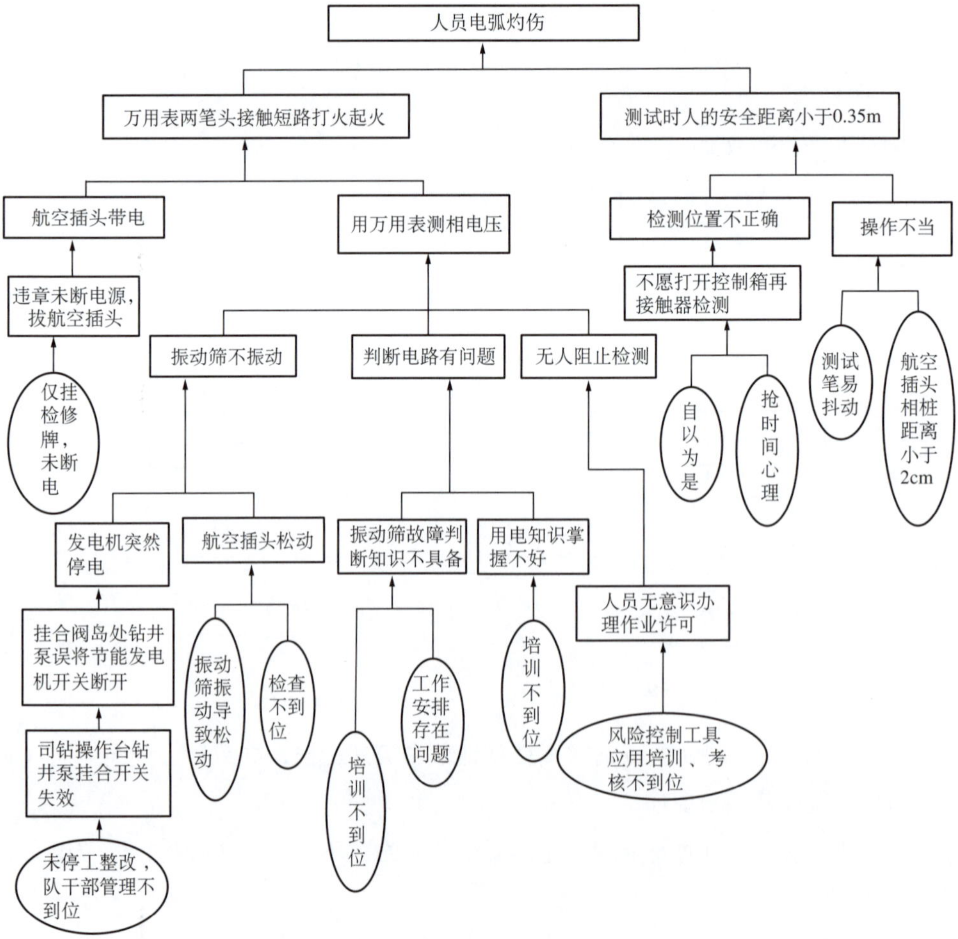

图 5-10　电火花伤人事故为什么树

（1）直接原因：司机左某拔下带电的固控设备插头后，用万用表测航空插头相电压时，万用表两个笔头接触短路打火。

（2）间接原因：

①未断电直接拔下航空插头。

②用万用表检测相电压位置不正确，直接在插头相柱处检测，检测时两人配合操作不当。

③带电作业未经作业许可，未进行风险识别，上锁挂签不到位。

④阀岛母排线松动，导致司控房 2# 泵控制开关不能挂合，在阀岛处挂合钻井泵误将节能发电机开关断开，造成井场停电。

⑤振动筛长期振动导致航空插头松动，致使振动筛不工作，岗位人员日常对此未检查。

⑥司机左某对带电作业标准规程不熟悉，对检修振动筛作业不清楚，违章操作。

（3）管理原因：

①井队管理干部在阀岛钻台控制系统出现故障后，未按照要求进行停工检修整改。

②井队培训工作开展不到位，岗位员工不能够准确判断设备故障和进行正确检修。

③队干部工作安排不仔细，对检修振动筛的作业方式、风险识别及控制措施交待不清。

④井队对关键岗位人员能力评价不到位。

⑤风险控制工具应用培训考核不到位。

⑥对以前出现的类似行为未开展专项行为安全审核和整治。

3. 纠正和预防措施

（1）进一步规范万用表的应用，明确万用表检测电压、电流和电阻的方法及要求，完善万用表检测规程，加强对电工等相关作业人员的培训。

（2）严禁带电插拔航空插头，尽量避免带电作业，对必须进行带电的作业，应开展工作安全分析，制订完善的工作方案，安排有能力的专业人员实施并做好现场监控。

（3）严禁设备带病运行，梳理检维修作业清单，明确审批权限。

（4）深化风险控制工具应用培训，将工作安全分析、上锁挂签等工具纳入全员HSE 绩效考核，鼓励全员参与运用。

（5）加强钻井队气路、电路和油路等控制系统的管理，坚持日常检查，定期试验，确保可靠。

六、其他设备检维修作业事故案例

（一）更换 B 型大钳钳牙铁屑飞溅伤眼事件

1. 事故经过

某钻井队工程二班内钳工更换 B 型大钳钳牙作业。内钳工将钳头卸下放在钻台上，拔出开口别针，因为钳牙槽下边用电焊点过，便用磁石吊卡销子顶在钳牙上用榔头往下砸，砸的过程中，内钳工前来帮忙，碎裂的磁石销子碎末飞出溅入眼睛，造成其左眼受伤。

2. 原因分析

原因分析为什么树如图 5-11 所示。

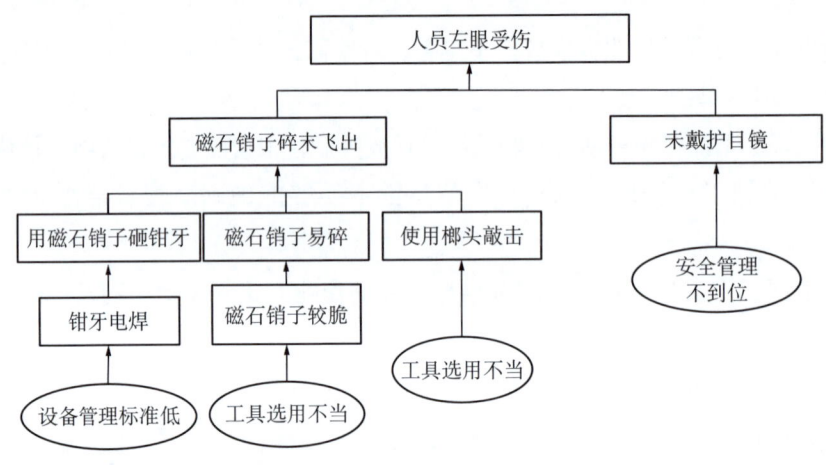

图 5-11 更换 B 型大钳钳牙铁屑飞溅伤眼事故为什么树

（1）直接原因：销子顶在钳牙上用榔头往下砸，砸的过程中碎裂的磁石销子碎末飞出溅入内钳工眼睛致伤。

（2）间接原因：

①内钳工未戴护目镜。

②员工使用工具不当，没有认识到磁石销子较脆、易碎裂的特性。

（3）管理原因：设备管理不到位，随意在设备上点焊，增加更换难度。

3. 纠正和预防措施

（1）加强员工安全教育培训，提高员工安全防范意识和风险辨控能力。

（2）规范员工作业行为，从事敲击和飞溅作业必须戴好护目镜。

（3）特殊作业时必须佩戴必要的劳保护具，不能存在侥幸心理。

(4) 加强安全管理，突出过程监管。

（二）检修液气大钳撞伤腿事故

1. 事故经过

某钻井队工程二班外钳工站在液气大钳与井口之间换钳牙，未关闭液气大钳总气源，与此同时，副司钻与井架工在往小鼠洞移动 B 型大钳（外钳）过程中，钳头碰到液气大钳的伸缩汽缸操作手柄至开位，液气大钳伸缩汽缸前移，将外钳工夹在液气大钳钳框与井口吊卡之间，造成其左小腿骨折。

2. 原因分析

原因分析为什么树如图 5-12 所示。

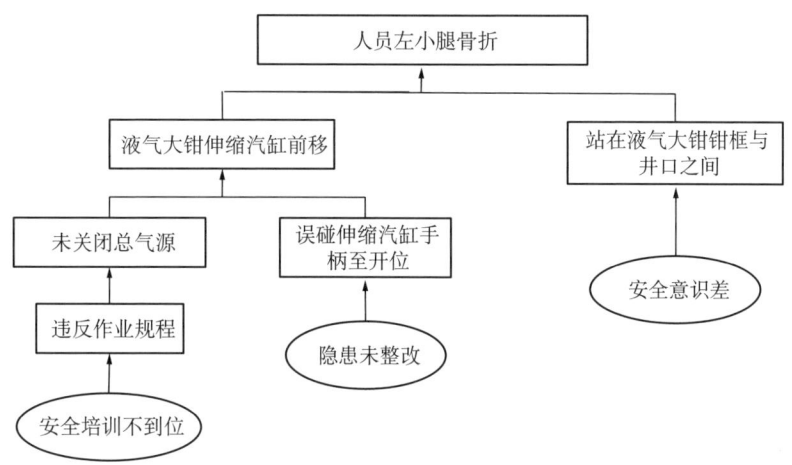

图 5-12 检修液气大钳撞伤腿事故为什么树

（1）直接原因：B 型大钳钳头碰到液气大钳的伸缩汽缸操作手柄至开位，液气大钳伸缩汽缸前移，将井架工夹在液气大钳钳框与井口吊卡之间致伤。

（2）间接原因：

①更换钳牙时没有关闭液气大钳总气源，并放掉管线余气。

②外钳工在换钳牙时站位不当。

③液气大钳的操作手柄无锁定装置。

（3）管理原因：隐患未及时整改。

3. 纠正和预防措施

（1）在检修设备时必须落实"切断动力源、上锁挂签和专人监护"的安全措施。

(2) 员工作业或检修设备站位要正确。

(3) 所有液压大钳的操作手柄加装锁定装置，避免误操作。

（三）检修滑轮夹手事故

1. 事故经过

某钻井队工程一班井架工董某从外钳一侧登上井架，检查外钳悬挂滑轮情况，发现外钳吊绳已跳槽，就让副司钻王某用外钳侧气动绞车将外钳吊起后，外钳吊绳向上突然滑动 10cm 左右，继续卡在滑轮外沿。董某就示意王某将吊钳再上提了一点，看见吊绳外钳一端处于松弛状态，就用右手抓住吊绳准备将吊绳拽向滑轮轮槽，此时，吊绳又突然向上滑动，将其右手小拇指夹在吊绳与滑轮间致伤。

2. 原因分析

原因分析为什么树如图 5-13 所示。

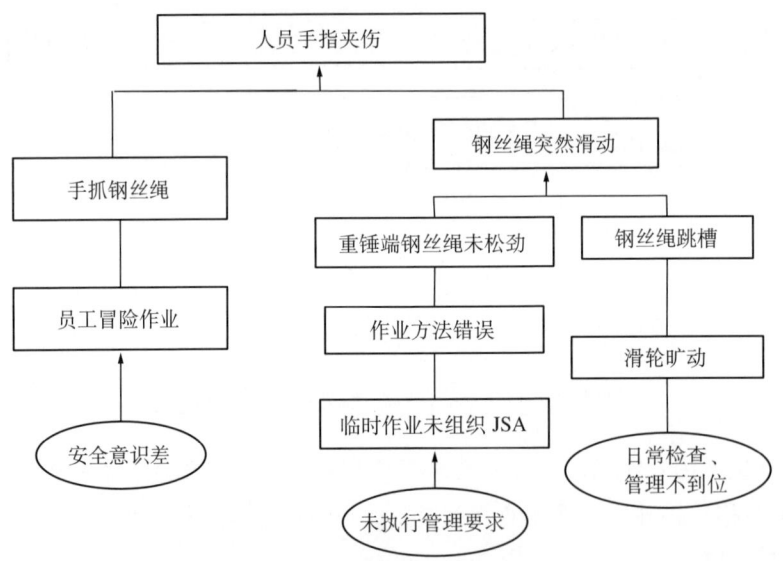

图 5-13 检修滑轮夹手事故为什么树

（1）直接原因：董某右手抓外钳吊绳往滑轮内扶正时，吊绳突然滑动，将其右手小拇指夹进吊绳与滑轮之间。

（2）间接原因：

①作业人员安全意识不强，冒险作业。董某在处理钢丝绳跳槽时，没有采取借助工具扶正钢丝绳的安全做法，而是抱着侥幸心理，直接用手拽拉钢丝绳，冒险作业。

②处理吊绳跳槽方法错误。现场员工处理 B 型钳吊绳跳槽时，只是用气动绞车将

B 型钳端的钢丝绳提松，而没有同时将重锤端钢丝绳一起提松，导致重锤端钢丝绳在重锤重力作用下处于拉伸受力状态，跳槽钢丝绳产生向上滑动。

③设备存在缺陷。发生钢丝绳跳槽的滑轮轴过度磨损，左右摆动间隙大，易发生钢丝绳跳槽。

（3）管理原因：

①钻井队对上级管理要求执行不力，作业风险辨控不到位。处理钢丝绳跳槽作业前，未按要求办理作业许可，未开展工作安全分析，致使作业方法不正确、未制订风险管控措施就盲目作业。

②钻井队关键设备设施管理不到位，对井架各滑轮检查标准不清，没有及时发现滑轮旷动隐患。

③干部跟班职责落实不到位，钻井队未明确跟班人员，监控失位。

3. 纠正和预防措施

（1）处理滑轮钢丝绳跳槽必须严格执行相关操作规程。

（2）严禁用手代替工具进行作业。

（3）临时作业必须提前报批，开展工作安全分析，召开作业前安全会，禁止员工私自进行临时作业。

（4）制订处理滑轮跳槽作业程序，明确作业方法和作业风险管控措施，下发钻井队执行。

附 录

附录一 设备检维修作业安全管理相关法律、法规和标准清单

附表 1-1 列出了设备检维修作业安全管理相关法律、法规和标准。

附表 1-1 设备检维修作业安全管理相关法律、法规和标准清单

序号	类别	名称	备注
1	法律	中华人民共和国安全生产法	
2		中华人民共和国环境保护法	
3	法规	特种设备安全监察条例	
4	标准	石油天然气钻井作业健康、安全与环境管理导则	Q/SY 1053—2010
5		石油企业现场安全检查规范 第2部分：钻井作业	Q/SY 1124.2—2012
6		行为安全观察与沟通管理规范	Q/SY 1235—2009
7		工艺和设备变更管理规范	Q/SY 1237—2009
8		工作前安全分析管理规范	Q/SY 1238—2009
9		作业许可管理规范	Q/SY 1240—2009
10		启动前安全检查管理规范	Q/SY 1245—2009
11		工艺危害分析管理规范	Q/SY 1362—2011
12		上锁挂牌管理规范	Q/SY 1421—2011
13		设施完整性管理规范	Q/SY 1516—2012

附录二　钻井设备检维修上锁挂签清单

附表 2-1 列出了钻井设备检维修上锁挂签清单。

附表 2-1　钻井设备检维修上锁挂签清单

序号	作业内容	上锁点及图示		上锁方式及图示		能量释放隔离	责任人
		上锁点	图示	上锁方式	图示		
1	检修绞车（带刹）	1. 总气开关； 2. 总离合器开关； 3. 刹把	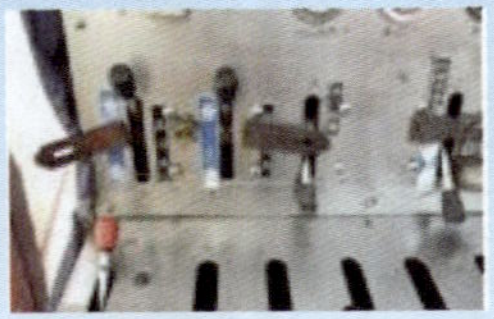 	挂锁； 安全链	 	停动力源； 悬重释放； 卸总离合进气管线	机械工长
	检修绞车（盘刹）	1. 总气开关； 2. 总离合器开关； 3. 驻车制动； 4. 电控房绞车电机控制开关（电动钻机）	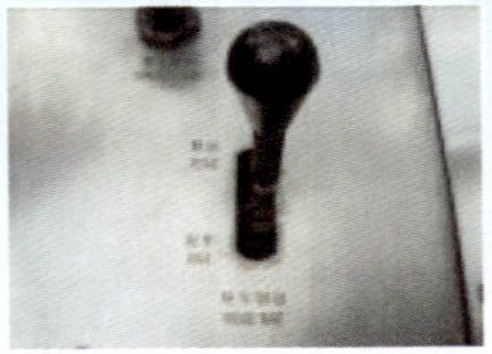	按键锁； 开关组锁具； 断路器锁	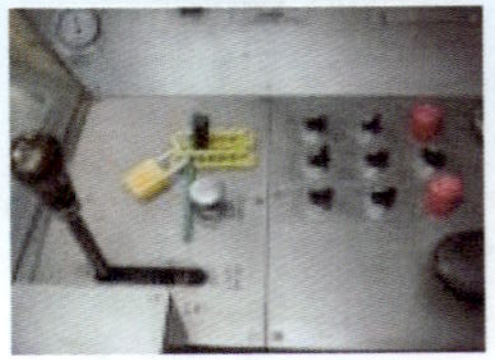	停动力源； 悬重释放； 卸总离合进气管线	机械工长； 电工

续表

序号	作业内容	上锁点及图示		上锁方式及图示		能量释放隔离	责任人
		上锁点	图示	上锁方式	图示		
1	检修绞车（盘刹）	1. 总气开关； 2. 总离合器开关； 3. 驻车制动； 4. 电控房绞车电机控制开关（电动钻机）		按键锁；开关组锁具；断路器锁		停动力源；悬重释放；卸总离合进气管线	机械工长；电工
2	检修盘刹	盘刹液压泵开关（或泵电源插头）；储能器开关（开位）	  	插头锁；球阀锁	 	储能器泄压；悬重释放	机械工长

续表

序号	作业内容	上锁点及图示		上锁方式及图示		能量释放隔离	责任人
		上锁点	图示	上锁方式	图示		
3	更换绞车工作钳刹车片	盘刹液压泵开关（或泵电源插头）；储能器开关（开位）；驻车制动（刹车状态）		插头锁；球阀锁；按键锁（或开关组锁具）		储能器泄压；悬重释放	机械工长

续表

序号	作业内容	上锁点及图示		上锁方式及图示		能量释放隔离	责任人
		上锁点	图示	上锁方式	图示		
4	更换绞车安全钳刹车片	驻车制动（释放状态）；紧急制动（解除状态）；工作刹车（刹车状态）	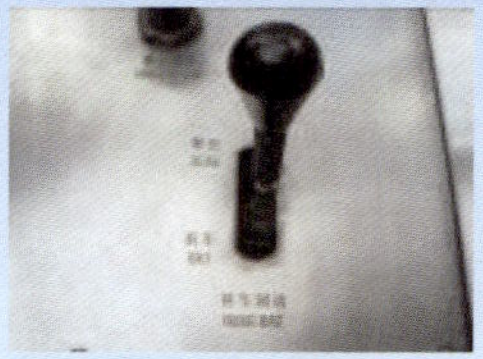  	按键锁；开关组锁具	  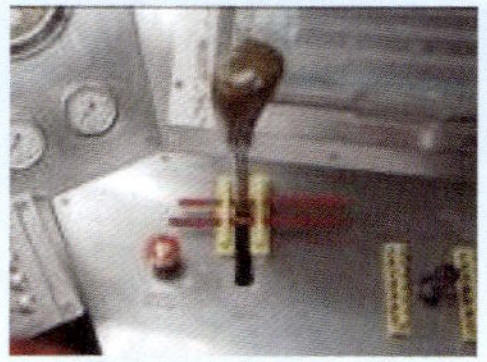	储能器压力正常；悬重释放	机械工长
5	更换带刹刹带	总离合器开关；绞车传动离合器气管线	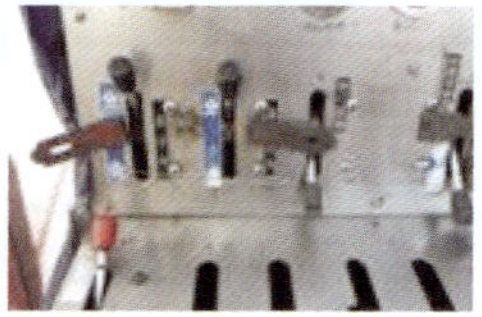	安全锁；闸阀锁		停动力源；游车放至低位；固定、释放悬重；卡大绳；卸离合器进气管线	机械工长

- 167 -

续表

序号	作业内容	上锁点及图示		上锁方式及图示		能量释放隔离	责任人
		上锁点	图示	上锁方式	图示		
5	更换带刹刹带	总离合器开关； 绞车传动离合器气管线	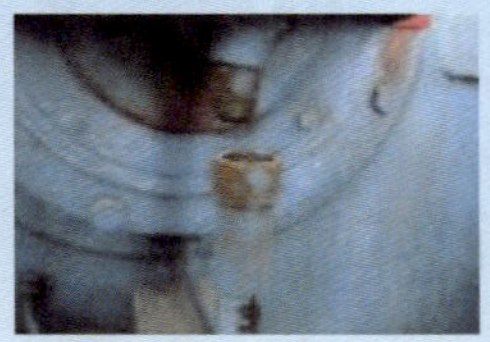	安全锁； 闸阀锁	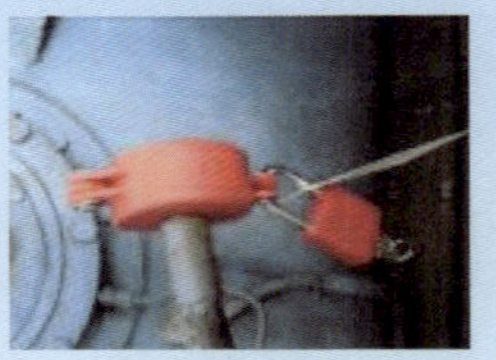	停动力源； 游车放至低位； 固定，释放悬重； 卡大绳； 卸离合器进气管线	机械工长
6	检修钻井泵	1. 泵离合器控制开关（或离合器进气管线）； 2. 上水管线闸门； 3. 高压闸门组； 4. 电控房泵电机控制开关（电动钻机）	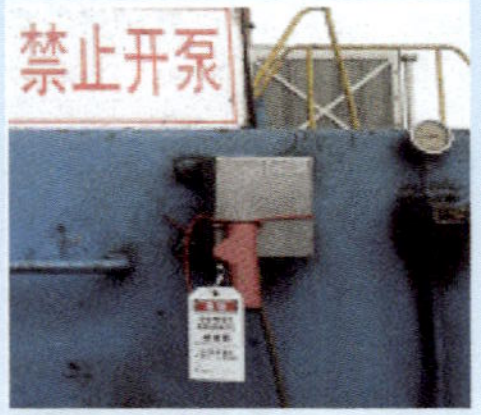 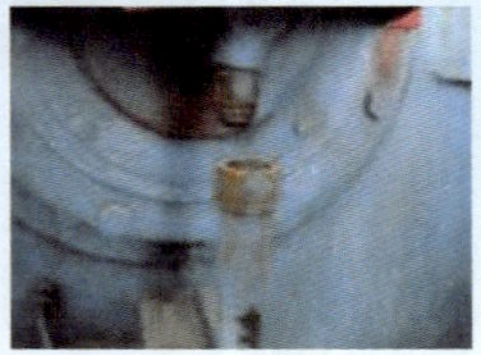 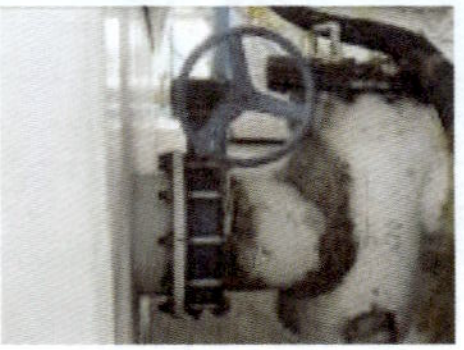	万用阀门锁； 闸阀锁； 断路器锁	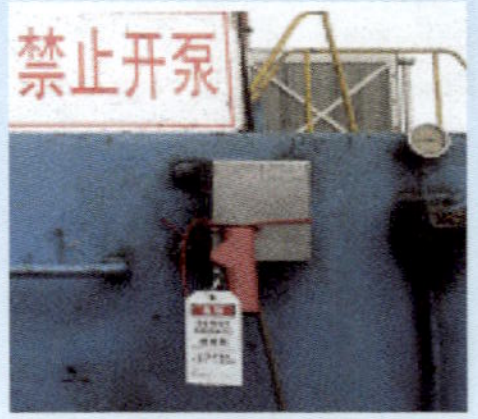 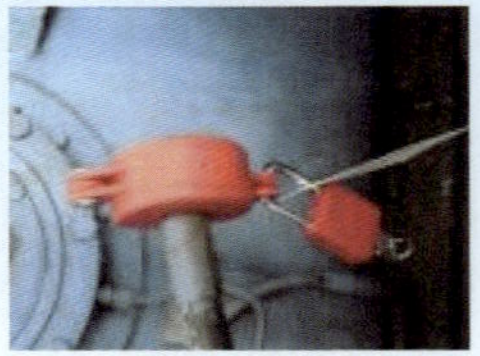 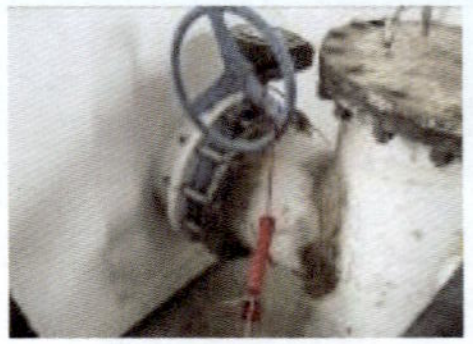	卸离合器进气管线； 切断启动动力源	大班司钻

续表

序号	作业内容	上锁点及图示		上锁方式及图示		能量释放隔离	责任人
		上锁点	图示	上锁方式	图示		
6	检修钻井泵	1. 泵离合器控制开关（或离合器进气管线）； 2. 上水管线闸门； 3. 高压闸门组； 4. 电控房泵电动机控制开关（电动钻机）	 	万用阀门锁； 闸阀门锁； 断路器锁	 	卸离合器进气管线； 切断启动动力源	大班司钻
7	检修柴油机、保养、更换万向轴	气动马达进气阀、并车离合器开关（或离合器进气管线）	 	万用阀门锁； 闸阀锁	 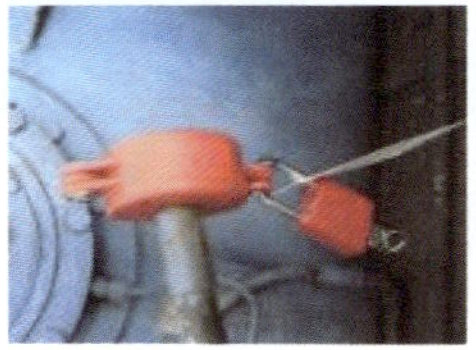	卸离合器进气管线； 切断动力源	司机长

续表

序号	作业内容	上锁点及图示		上锁方式及图示		能量释放隔离	责任人
		上锁点	图示	上锁方式	图示		
8	检修发电机	启动电机电瓶电源线（正极）；电控房对应发电机供电开关	  	插头锁；开关组锁具；断路器锁	  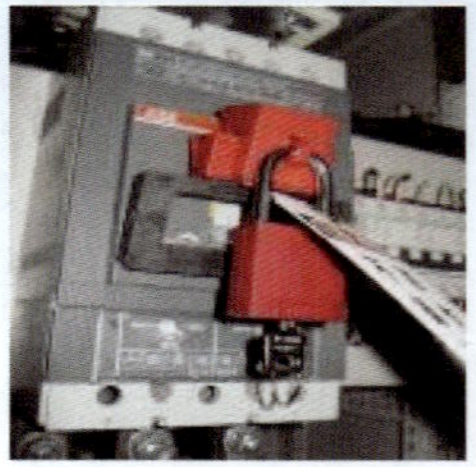	卸电瓶电源线（或电源开关）；启动电源开关；切断启动动力源；切断发电机供电电源	司机长

续表

序号	作业内容	上锁点及图示		上锁方式及图示		能量释放隔离	责任人
		上锁点	图示	上锁方式	图示		
9	检修并车箱、联动机	全部并车离合器开关（或离合器进气管线）；柴油机启动马达开关	 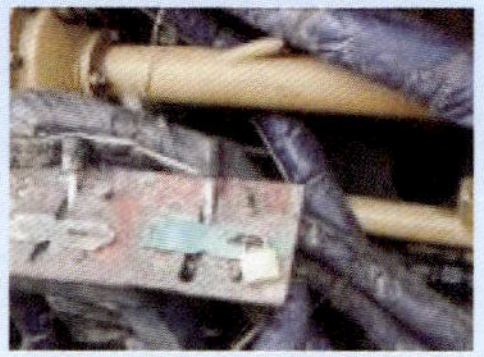  	挂锁；插头锁；球阀锁或万用阀门锁		停动力源	机械工长

续表

序号	作业内容	上锁点及图示		上锁方式及图示		能量释放隔离	责任人
		上锁点	图示	上锁方式	图示		
10	检修变矩器、耦合器	并车离合器开关（或离合器进气管线）；柴油机启动马达开关	  	安全锁；插头锁；球阀锁或万用阀门锁	  	停动力源	机械工长

续表

序号	作业内容	上锁点及图示		上锁方式及图示		能量释放隔离	责任人
		上锁点	图示	上锁方式	图示		
11	检修电器设施、线路	电控房对应电器控制开关；电控柜开关（或电源插头）	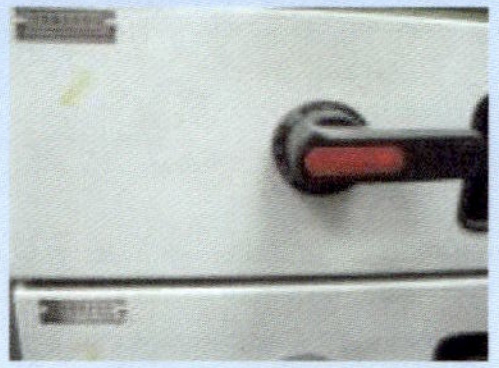 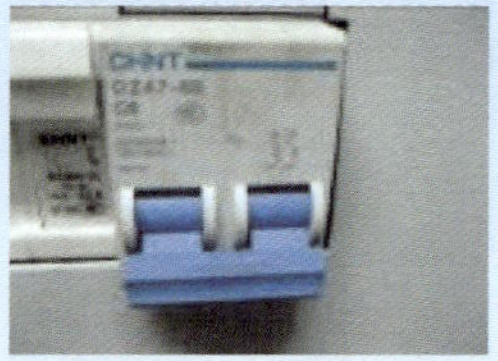  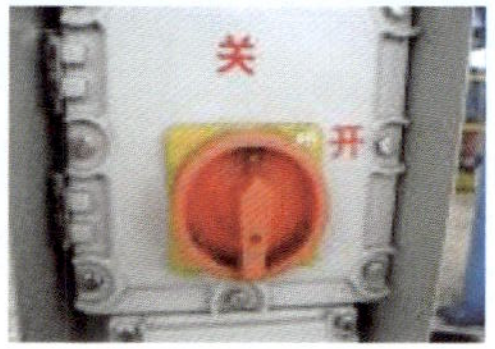	断路器锁；插头锁	   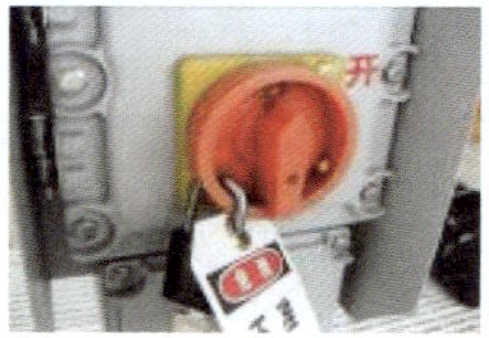	电容放电	电工

续表

序号	作业内容	上锁点及图示		上锁方式及图示		能量释放隔离	责任人
		上锁点	图示	上锁方式	图示		
12	检修液气大钳	综合液压站电控柜开关（或电源插头）；气源开关	 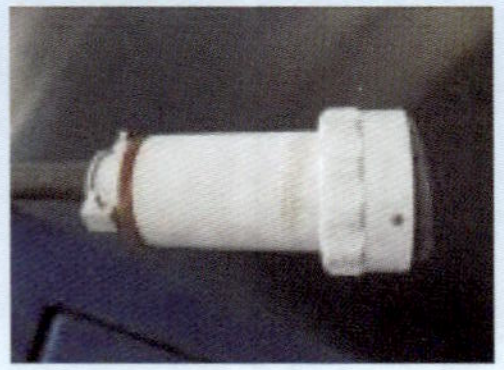 	断路器锁；插头锁；球阀锁或万用阀门锁	 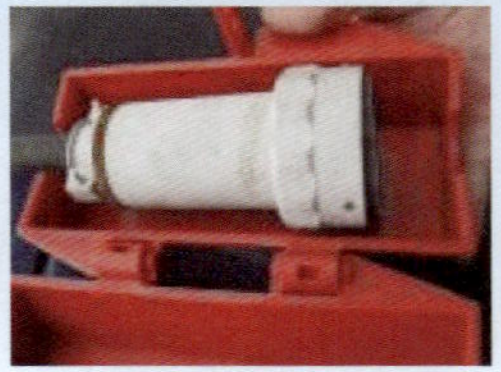 	停液压站	机械工长

续表

序号	作业内容	上锁点及图示		上锁方式及图示		能量释放隔离	责任人
		上锁点	图示	上锁方式	图示		
13	清理循环罐	电控房循环罐电路开关；钻井泵回水闸门（钻井枪闸门）；循环罐连接闸阀	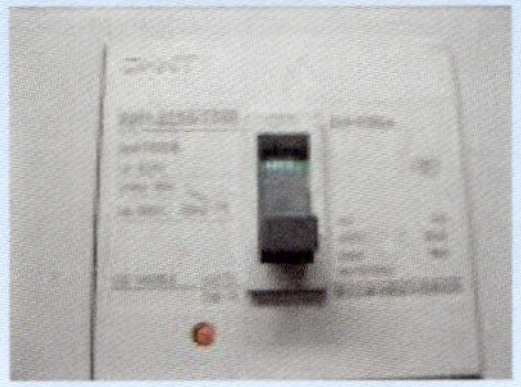  	断路器锁；万用阀门锁（或缆锁）	  	气体检测，置换吹扫	电工；副司钻

续表

序号	作业内容	上锁点及图示		上锁方式及图示		能量释放隔离	责任人
		上锁点	图示	上锁方式	图示		
14	检修井控设备	电控房控制远控房电路开关；打压泵控制开关；气泵进气阀	 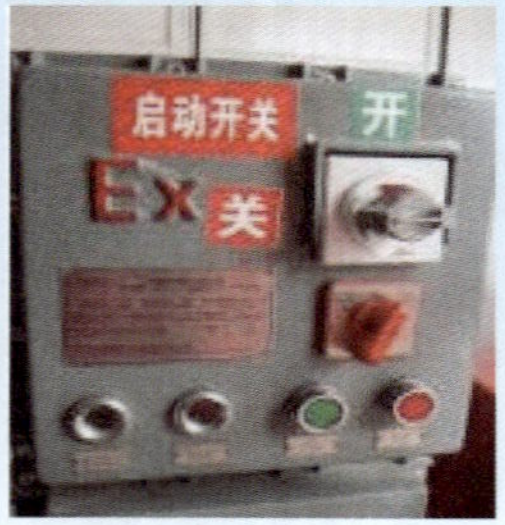 	断路器锁；闸阀锁（或万用阀门锁）	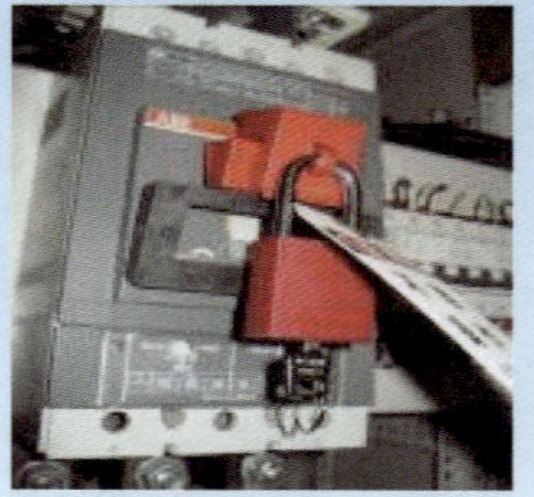  	远控房泄压	副司钻

续表

序号	作业内容	上锁点及图示		上锁方式及图示		能量释放隔离	责任人
		上锁点	图示	上锁方式	图示		
15	检修固控设备	电控房对应固控设备、供液泵（砂泵）电路开关或循环罐电路开关； 振动筛钻井液入口闸门； 供液泵（砂泵）上水闸门； 固控设备、供液泵（砂泵）电源插头	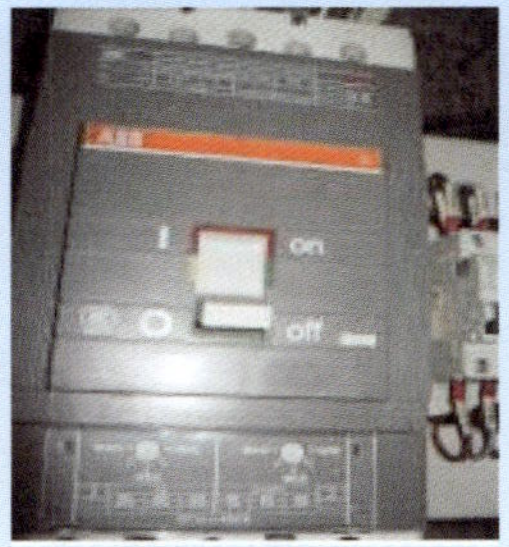 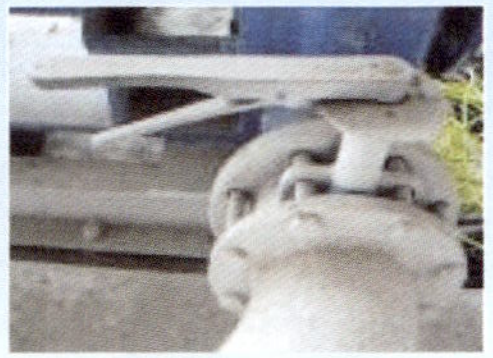 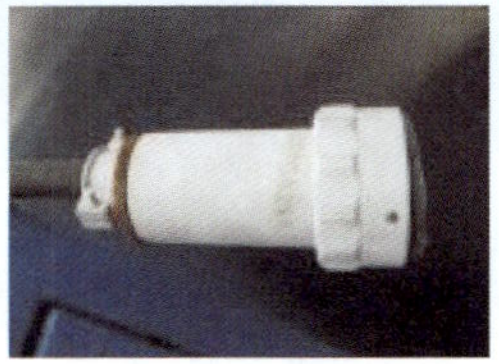	断路器锁； 蝶阀锁（或万用阀门锁）； 插头锁	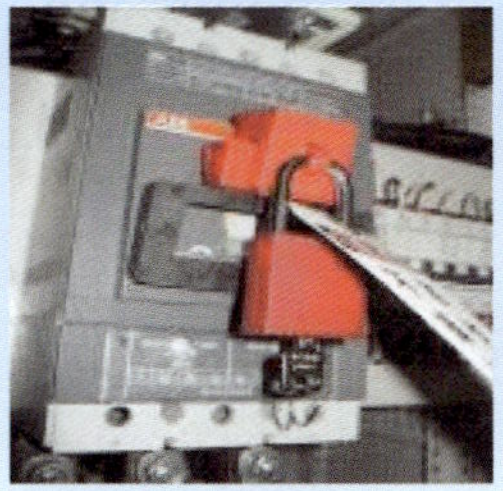 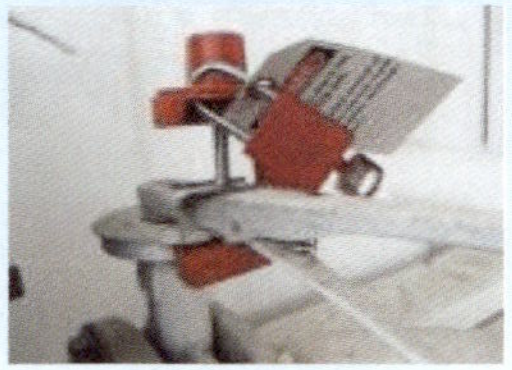 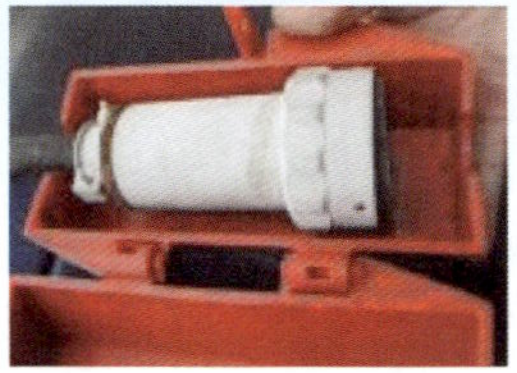	停检修设备电源	电工； 机械工长

续表

序号	作业内容	上锁点及图示			上锁方式及图示		能量释放隔离	责任人
		上锁点	图示		上锁方式	图示		
16	检修顶驱	系统总开关；顶驱液压站控制开关			安全锁	 	停顶驱电源；卸顶驱液压	电工；大班司钻